Bewegung birgt die Möglichkeit, uns in das Heim der Seele zu befördern, in die Welt in unserem Inneren, für die wir keinen Namen haben. Bewegung erreicht unsere tiefste Natur, und Tanz bringt dieses auf kreative Weise zum Ausdruck. Durch Tanz können wir neue Einsichten in das Mysterium unseres inneren Lebens gewinnen. Wenn Tanz aus unserem Inneren kommt und vom Wunsch nach persönlicher Veränderung getragen wird, verfügt er über eine tiefgründige Macht, Körper, Seele und Geist zu heilen. Unsere Reise durch Krankheit und Gesundheit und die Macht des Tanzes, diesen Weg zu beleuchten, ist ein leidenschaftlicher Aspekt meines Lebenswerks.

ANNA HALPRIN

»Ich stelle mir vor, daß mein Atem wie Wasser durch meinen Körper fließt, mich reinigt und vom Krebs heilt.«

ANNA HALPRIN, 1975

TANZ, AUSDRUCK UND HEILUNG

Wege zur Gesundheit durch Bewegung, Bilderleben und kreativen Umgang mit Gefühlen

ANNA HALPRIN

Aus dem Englischen übersetzt von

THEO KIERDORF IN ZUSAMMENARBEIT MIT HILDEGARD HÖHR

Synthesis

P H O T O G R A P H I E N

Coni Beeson 2, 93l, 180; Dorsey Bushnell 201; Marguerite Etemad 24, 51l; Paul Fusco 38, 110, 139; Jay Graham 14, 31, 113, 162, 166, 179; Anna Halprin 31, 51r, 66, 77, 100, 120, 129, 132, 142, 145, 158, 169; Michael Manwaring 5, Marguerite Mitchell 125; Christine Peterson 47, 153; Andy Abrahams-Wilson 199

Titel der amerikanischen Originalausgabe:
DANCE AS A HEALING ART
erschienen bei LifeRhythm,
PO Box 806, Mendocino, CA 95460, USA

Synthesis Verlag, www.Synthesis-Verlag.com
info@Synthesis-Verlag.com

Umschlagfoto: Tony Reno
Gestaltung: Elizabeth Ives Manwaring
Typographie und Satz: Dragon Design, GB
Gesetzt aus der Stempel Garamond

ISBN 978-3-922026-49-5

W I D M U N G

ICH WIDME DIESES BUCH ALLEN, DIE MIT KREBS LEBEN, SOWIE DEN MENSCHEN, DIE IHNEN NAHESTEHEN UND DIE GELERNT HABEN, MIT IHRER ANGST FERTIG ZU WERDEN, IHREN SCHMERZ ZU ERTRAGEN UND DEN MUT ZUM WEITERMACHEN ZU FINDEN.

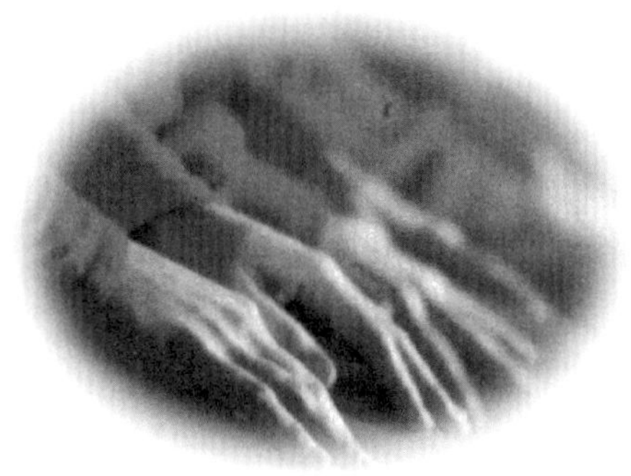

I N H A L T

8 DANKSAGUNG

9 MEINE ERFAHRUNG MIT KREBS

15 EINFÜHRUNG

15 *Kurzbiographie*

16 *»Moving Toward Life«*

17 *Tanz als integrative Therapie*

21 DER ANSATZ

23 *Lebenskunstprozeß*

25 *Empfindung*

26 *Bewegung*

28 *Das Feedback zwischen Bewegung und Gefühlen*

29 *Gefühle und Emotionen*

30 *Bildliche Vorstellung*

32 *Tanz*

37 DER AUFBAU DIESES HANDBUCHS

42 DIE STRUKTUR DER ARBEITSSITZUNGEN

55 ARBEITSPLÄNE

55 *1. Sitzung: Der Körper als Heiler*

71 *2. Sitzung: Tiere als Verbündete*

88 *3. Sitzung: Beziehungen*

104 *4. Sitzung: Gebet*

114 *5. Sitzung: Das Drama des Immunsystems*

129 *6. Sitzung: Die Natur als Heilerin, Teil I: Bäume*

139 *7. Sitzung: Die Natur als Heilerin, Teil II: Die Arbeit mit Visualisationen*

147 *8. Sitzung: »Towelling«-Tiefenentspannung*

153 *9. Sitzung: Feier*

162 TANZRITUALE FÜR DIE GEMEINSCHAFT

169 WIEDERVEREINIGUNG VON TANZ UND MEDIZIN

172 KUNST ALS HEILENDE KRAFT
Auszug aus einem Essay von Mike Samuels, M.D.

180 AUF DEN AUGENBLICK ANTWORTEN

199 NACHWORT

201 ÜBER DIE AUTORIN

203 LITERATUREMPFEHLUNGEN

DANKSAGUNG

Ich schulde folgenden Personen und Institutionen Dank

für ihre Hilfe bei meiner Arbeit an diesem Buch:

Der Lloyd Symington Foundation, die es in Auftrag gegeben hat,

dem Tamalpa Institute, weil es darauf bestanden hat, daß ich es schreibe,

Maggie Creighton und dem Cancer Support Center, die die Anregung dazu gegeben haben,

Peggy Rogers, die es genährt hat,

Mike Samuels, der dazu beigetragen hat,

Rachel Kaplan, die es lektoriert hat,

Elizabeth Ives Manwaring, die es gestaltet hat,

und Siegmar Gerken, der letzte Korrekturen daran vorgenommen und es veröffentlicht hat.

MEINE ERFAHRUNG MIT KREBS

Im Jahre 1972 wurde bei mir Krebs diagnostiziert. Zwar ist eine solche Erkrankung heutzutage nicht ungewöhnlich, doch die Umstände meiner Diagnose waren äußerst ungewöhnlich. Da meine Arbeit als Tänzerin von einem ganzheitlichen Ansatz ausgeht, habe ich mich immer sehr für die Beziehung zwischen Geist und Körper interessiert. In welcher Beziehung Bewegungen und Gefühle zueinander stehen, ist leichter zu verstehen als das Zusammenwirken von Geist und Körper. Als bei mir Krebs diagnostiziert wurde, war ich gerade dabei, mit bildlichen Vorstellungen bei der Herstellung dieser Verbindung zu arbeiten. Geistige Bilder zu produzieren schien nicht auszureichen; vielmehr erschien es mir als notwendig, daß Menschen selbst Bilder zeichnen, über sie reflektieren und dann die Sprache dieser Bilder physisch erlernen. Dieser Prozeß des Sichverbindens mit unseren inneren Bildern beinhaltete auch das »Tanzen« der aus dem Unbewußten auftauchenden Bilder, weil ich dies für eine Möglichkeit hielt, die Verbindung zwischen Geist und Körper zu verstärken. Als ich versuchte, diese Bildersprache zu erlernen, wurde mir klar, daß eine Intelligenz im Körper, die tiefer und unberechenbarer ist als alles, was ich mit Hilfe meines Geistes oder des rationalen Denkens zu verstehen vermochte, mir Botschaften übermittelte.

Während ich mich in diesem Prozeß befand, den ich *PsychoKinetic Visualisation Process* genannt habe, zeichnete ich ein Selbstporträt, das ich nicht tanzen konnte. Dies war für mich ein Signal. Warum konnte ich dieses Bild nicht tanzen? Was blockierte mich? Ich hatte auf diesem Bild im Bereich meines Beckens eine Kugel gezeichnet, und ich sah diese als Symbol eines Embryos an, was ich als Zeichen für einen Neuanfang verstand. Doch weil ich das Bild nicht in Bewegung umzusetzen vermochte, war sich ein Teil von mir sicher, daß diese Deutung meiner Zeichnung unsinnig war. Als am folgenden Abend mein Geist ruhig geworden war, bekam ich das Gefühl, daß das Bild, das ich gezeichnet hatte, mir etwas sagen wollte und daß ich dies zu leugnen versuchte.

Am folgenden Tag vereinbarte ich einen Termin bei meinem Arzt. Ich bat ihn, mich an der Stelle, wo ich die Kugel in meinen Körper gezeichnet hatte, genau zu untersuchen. Er diagnostizierte Krebs im Rektum. Es folgten die üblichen Untersuchungen und Behandlungen und schließlich eine Darmoperation. Nach alldem kam in mir ein starkes Gefühl der Unsicherheit über meine Zukunft auf. Würde ich jemals wieder tanzen können? Der Arzt versicherte mir, alles sei in bester Ordnung, was ich ziemlich merkwürdig fand, weil ich mich ganz und gar nicht in bester Ordnung fühlte. Außerdem sagte er, wenn der Krebs innerhalb der nächsten fünf Jahre nicht erneut auftrete, könne ich mich als völlig und dauerhaft geheilt ansehen. Drei Jahre nach der ersten Operation erlitt ich einen Rückfall, und mir wurde klar, daß ich einige sehr drastische Veränderungen in meinem Leben vornehmen mußte.

Ich nahm mir vor, herauszufinden, wie ich durch eine Zeichnung eine unbewußte Botschaft über etwas, das sich in meinem Körper abspielte, empfangen konnte. Deshalb sammelte ich über drei Jahre Dias von Bildern, die Teilnehmer meiner Kurse gemalt oder gezeichnet hatten, und versuchte, aus diesen eine kohärente visuelle Sprache abzuleiten. Ich vermutete, daß einzelne Farben und Formen eine bestimmte Bedeutung besitzen oder daß Symbole etwas Bestimmtes bedeuten könnten. Doch falls hinter alldem tatsächlich ein System steht, muß ich zugeben, daß es mir nicht gelungen ist, dieses zu entdecken. Hingegen stellte ich fest, daß sich keine meiner Fragen auf rationale, logische oder systematische Weise beantworten ließ. So funktionierte es einfach nicht. Zu »funktionieren« schien hingegen der Prozeß: Wenn Menschen ihre Bilder tanzten und zwischen dem Tanzen und Zeichnen hin- und herwechselten, wurden die Botschaften durch die Bewegung klar. Die visuellen Bilder ließen sich nicht starr kodieren, weil jeder Teilnehmer seine eigene, einzigartige Geschichte hatte, die er auf seine ganz persönliche Weise zum Ausdruck brachte.

Andererseits schienen sich bestimmte Symbole und Prinzipien zu wiederholen. Wenn beispielsweise ein ganzer Kurs Selbstporträts zeichnete, konnte es sein, daß auf den Bildern fast aller Teilnehmer eine Schlange oder ein Baum oder ein Gewässer zu sehen war. Oder auf den Zeichnungen wurden Polaritäten und Gegensätze dargestellt, beispielsweise eine dunkle und eine helle Seite. Ungeachtet der starken Eigenständigkeit der Bilder gab es doch gewisse Themen, die sich ständig wiederholten. Außerdem wurde mir klar, daß die Botschaften dieser Bilder mysteriös blieben, sofern sie nicht durch Tanz und Bewegung erfahren wurden. In mir wuchs der Verdacht, daß einige der sich wiederholenden Bilder und Polaritäten etwas damit zu tun hatten, wie wir alle mit unserer gemeinsamen Umgebung, der natürlichen Welt und den Elementen verbunden sind, die letztendlich der Grund dafür sind, daß das Leben aller Menschen gewisse Gemeinsamkeiten aufweist.

Ich möchte ein Beispiel dafür anführen, wie ich durch das Tanzen meines Selbstporträts etwas über meine eigene Lebensgeschichte herausfand, über das Mysterium meiner persönlichen Bilderwelt und über meine Beziehung zur Natur. Auf meinem ersten Selbstporträt gab ich mir ein »perfektes« Aussehen. Ich stellte mich darauf jung und in hellen Farben dar. Mein Haar wehte im Wind. Ich war ein Ebenbild der Gesundheit und Vitalität. Beim Betrachten des fertigen Bildes wurde mir klar, daß ich nicht einmal versuchen konnte, es zu tanzen; es fühlte sich einfach nicht so an, wie ich war. Daraufhin drehte ich das Blatt Papier um und arbeitete wie wild an einem neuen Bild von mir. Es war schwarz, kantig, wütend und violett. Ich wußte, daß dieses zweite Bild von mir dasjenige war, das ich tanzen mußte. Dies tat ich und war völlig überwältigt von der Wut, die ich in meinem Inneren entdeckte. Ich stach auf mich ein und brachte heulende Geräusche hervor wie ein verwundetes Tier. Einige behaupten, ich hätte in Zungen gesprochen. Ich mußte diesen Tanz vor Zeugen ausführen, weil mir klar war, daß ich diese Feuerprobe andernfalls nicht würde durchstehen können. Meine Zeugen waren Mitglieder meiner Familie sowie Kollegen und einige Schüler; sie alle sorgten durch ihre Anwesenheit dafür, daß ich mir selbst gegenüber ehrlich blieb, und sie drängten mich, tiefer in das Geschehen einzutauchen, meine stimmlichen Äußerungen zu verstärken, wobei sie mich auf Teile des Bildes hinwiesen, die ich dann jeweils tanzte. Ich tanzte, bis ich völlig erschöpft war; dann brach ich zusammen und fing an zu schluchzen, während ich von einem Gefühl tiefer Erleichterung erfaßt wurde. Nun war ich bereit, das Bild umzudrehen und das heilende Selbstporträt auf der Rückseite zu tanzen.

Während ich dies tat, stellte ich mir vor, mein Atem sei Wasser und meine Bewegungen flössen wie Wasser durch meinen Körper. Ich stellte mir vor, das Wasser würde mich reinigen. Mir kam ein Bild von Wasser in den Sinn, das in den Bergen in der Nähe meines Hauses in Form eines Wasserfalls abwärts stürzt; und dann floß das Wasser durch mich hindurch und hinaus in die unendliche Weite des

Meeres, wohin es meine Krankheit mitnahm. Ich glaube, daß ich die Kräfte der Natur erlebte, so wie sie meinem Körper innewohnen. Dadurch entwickelte ich ein stärkeres Gefühl der Verbundenheit zwischen meinem Körper und der Welt. Die Bewegungen dieses Tanzes waren anfangs sanft und klein, und allmählich kamen Geräusche hinzu. Meine Zeugen verstärkten diese Geräusche, während die Bewegungen allmählich immer größer wurden, bis schließlich mein ganzer Körper darin einbezogen war. Nachdem ich meinen Tanz beendet hatte, forderte ich die Zeugen auf, mit mir zusammen einen Kreis zu bilden; ich fühlte mich bereit, zu meinen Freunden und meiner Familie und in den Raum, in dem wir saßen, zurückzukehren.

In diesem Tanz ist etwas passiert, das ich mir nicht erklären kann. Ich hatte das Gefühl, auf einer geheimnisvollen Reise zu einem uralten Ort zu sein. Zeit und Raum waren aufgehoben, und ich befand mich in einer unendlichen blauen Leere. Nach dieser Erfahrung fühlte ich mich erschüttert und gereinigt. Ich habe dann die wichtigen Elemente jener Reise beschrieben. Zunächst ging es einfach darum, zu schauen und das Thema zu identifizieren. Dies wurde zu einer echten Konfrontation mit meiner dunklen Seite. Die nächste Station meiner Reise war die tatsächliche Konfrontation, der schließlich die Auflösung folgte.

Nach der Auflösung ging es darum, eine Möglichkeit zu finden, die Veränderungen in meinen Körper zu integrieren. Das entsprach dem Bild auf der Rückseite und dem Wassertanz. Der letzte Schritt meiner Reise war eine Assimilation, die Rückkehr in die Gemeinschaft, der ich mich verbunden fühle, sowie in meine Familie und in mein Leben.

Viel später, als ich eine Theorie und Methoden für meine Arbeit im Tamalpa-Institut entwickelte, wurde mir klar, daß meine Erfahrung die Basis eines Heilungsprozesses war, den ich zu identifizieren begonnen hatte. Diese Erfahrung hat mir eine völlig neue Perspektive des Heilens eröffnet, die ich seither als Orientierung für meine Arbeit mit Menschen benutze, die sich in einer lebensbedrohlichen Situation befinden, sowie auch für die Arbeit mit größeren Gruppen in Form ritueller Heilungszeremonien. 1981 fing ich an, diesen Prozeß auf ganze Gemeinschaften anzuwenden. Ich entwickelte große Rituale, die den unterschiedlichen Bedürfnissen von Gemeinschaften, mit denen ich arbeitete, gerecht zu werden versuchten. Ich habe diesen Prozeß des Zeichnens und Tanzens stets als eine Möglichkeit angesehen, neue Kraft zu entwickeln. Im Jahre 1989 ist daraus *Circle the*

Earth entstanden: ein Tanz des Lebens, getanzt von und für Menschen, die der Herausforderung der Aids-Krankheit ins Auge blicken wollen. Dieser Tanz wurde entsprechend den fünf Phasen der Heilung choreographiert.

Ich bin so fasziniert von den Entdeckungen, die ich im Laufe des Visualisationsprozesses machte, und von der Landkarte meiner Reise zur Heilung, daß ich oft vergesse, meinen Freunden und Lesern zu berichten, daß sich mein Krebs nach jenem Tanz spontan zurückbildete. Mir selbst ist es immer als wichtiger erschienen, daß ich eine Möglichkeit gefunden habe, mit meiner Krankheit zu leben, als daß ich meine Krebserkrankung bezwungen habe. In einem gewissen Sinne interessiert mich der Heilungsprozeß tatsächlich stärker als meine konkrete Heilung, weil Heilung ein ganzheitlicher Prozeß ist, der uns allen jederzeit offensteht. Eine Heilung ist ein Ereignis, das weder vorhersagbar noch immer möglich ist. Im Laufe meiner persönlichen Reise vom Selbst zu den vielen habe ich gelernt, daß wir alle miteinander und mit der natürlichen Welt, in der wir leben, verbunden sind. Die Heilkraft des Tanzes entfaltet ihr volles Potential, wenn es uns gelingt, zum Gefühl der Ganzheit in Kontakt zu treten und wenn wir die Verbindung zu allem, was uns umgibt, spüren.

Anna Halprin tanzt mit einem Mann, der Mundharmonika spielt

EINFÜHRUNG

Im Verlauf meiner Lehrtätigkeit wurde mir klar, daß die Erfahrung von Bewegungen, die mit Gefühlen verbunden sind, lange verschollene Emotionen und Bilder zutage treten läßt. Werden sie durch Bewegung ausgedrückt, tanzen wir. Und wenn dieser Tanz mit unserem Leben verbunden ist, kommt es zu einer gewaltigen Befreiung, und unser Wille zu leben verändert sich.

ANNA HALPRIN

KURZBIOGRAPHIE

Ich wurde im Jahre 1920 in Winnetka, Illinois, geboren. Ich tanze schon so lange, wie ich mich erinnern kann. Ich habe Krebs gehabt und diese Krankheit überlebt. Als mich meine Freundin und frühere Schülerin Maggie Creighton im Jahre 1980 bat, ihre Mitarbeiterin am Cancer Support and Education Center in Menlo Park, Kalifornien, zu werden und dort Menschen, die mit Krebs leben, Kurse in Bewegungstherapie und Tanz anzubieten, zögerte ich keinen Augenblick. Die Entdeckung der heilenden Kraft des Tanzes hat mich selbst geheilt, und ich habe ihr einige der wichtigsten Lektionen meines Lebens zu verdanken. Da ich mich noch gut an meinen eigenen Kampf mit dem Krebs erinnern konnte, war ich glücklich, das Gelernte anderen Menschen, die an der gleichen Krankheit litten, vermitteln zu können.

Tanz als Heilkunst hat in vielen nichtwestlichen Kulturen eine lange Tradition. In der westlichen Welt hingegen ist diese Nutzung des Tanzes in Vergessenheit geraten und ignoriert worden. Ich halte das für einen schwerwiegenden Verlust und bin der Ansicht, daß wir uns das Vergessene wieder aneignen müssen, wenn wir zu einem tieferen Verständnis von Heilung, Krankheit und Tod gelangen wollen. Als Maggie mich aufforderte, in ihrem Zentrum zu lehren, begann ich nach dem verlorenen Wissen über die Heilkraft des Tanzes zu suchen. Ich wußte damals nicht, *warum* Tanz heilend wirkt, nur *daß* er diese Wirkung hat. Da ich den Tanz bei meinem eigenen Heilungsprozeß intuitiv genutzt hatte, war mir klar, daß ich diese Arbeit nur dann für andere nutzbar machen könnte, wenn ich einfache Orientierungen finden würde, die Interessierten einen klaren Weg wiesen. Im vorliegenden Handbuch werden einige der Orientierungskarten, die ich bisher entdeckt habe, beschrieben, und es wird erläutert, wie ich sie in der Praxis anwende.

Die Bemühungen des Cancer Support and Education Center konzentrieren sich bei Krebsheilung darauf, die ganze Person einzubeziehen. Hierzu werden psychotherapeutische Techniken, Imaginationsübungen, Meditation und andere Formen der Körper-Geist-Therapie genutzt. Im Einklang mit diesem Ansatz bezog ich in meine Workshops Übungen zur Stärkung des sensorischen Gewahrseins, expressive Bewegung und Tanz ein. Die ersten Reaktionen der Kursteilnehmerinnen zeigten mir, daß es dadurch möglich war, in einen tiefen Bereich jenseits der Worte vorzudringen. Der Tanz bot tiefgreifende und einzigartige Einsichten, die weit über das hinausgingen, was dem rationalen Denken zugänglich ist – Einsichten in zentrale Lebensprobleme und Krankheit. Trotz der schwierigen Situationen, in denen sich die Teilnehmer befanden, hatten wir bei der Arbeit unseren Spaß. Die Patienten weinten nicht nur, sondern lachten auch. Sie waren angenehm berührt von ihrer eigenen Kreativität, und sie begriffen schnell, daß Bewegung und Tanz auch ihnen zugänglich waren. Außerdem fühlten sie sich aufgrund unserer Arbeit besser, und ihre Lebenskraft wurde gestärkt. Jene ersten Sitzungen ermutigten mich, die Erforschung der heilenden Kraft des Tanzes fortzusetzen. Mir war sehr daran gelegen, diese vergessene Kunst wiederzubeleben und ihre ungeheuren Möglichkeiten zu untersuchen.

»MOVING TOWARD LIFE«

Während ich an jenem Zentrum für ganzheitliche Krebstherapie lehrte, setzte ich meine Untersuchungen über die Heilkraft des Tanzes in einer Reihe von Kursen fort, die das Tamalpa-Institut organisiert hatte. Dieses Institut, das ich zusammen mit Daria Halprin-Khalighi gegründet habe, bietet die Erziehung zur expressiven Kunst an. Seit 1986 unterstützt das Tamalpa-Institut ein Programm mit dem Titel *Moving Toward Life* (»Bewegung zum Leben hin«) für Menschen, die an Krebs erkrankt sind, für Verwandte und Freunde der Kranken sowie für Menschen, deren Beruf es ist, Krebskranke zu betreuen. Die Kurse stehen allen Männern und Frauen unabhängig von ihrer Vorgeschichte und ihrer ökonomischen Situation offen. Niemand wird von der Teilnahme an diesem Programm ausgeschlossen, und bisher haben mehr als 500 Menschen aus allen Bereichen der Gesellschaft daran teilgenommen, meist mit äußerst positiven Resultaten. Viele unter den Teilnehmern haben die Krankheit überwunden, oder es ist zu einer Rückbildung der Tumore gekommen.

Ich möchte nicht behaupten, daß Tanz Menschen, die an Krebs erkrankt sind, heilen kann, doch habe ich in meinen Kursen immer wieder erlebt, daß im Tanz die Kraft dazu steckt. Heilung hängt eng mit der Perspektive zusammen, die ein Mensch vom Leben hat. Menschen mit einem starken Lebenswillen, Menschen, die bereit sind, an die Macht des Tanzes zu glauben, Menschen, die entschlossen sind und nicht aufgeben, haben bessere Chancen, eine Krebserkrankung zu überleben, als diejenigen, die blind dem Rat ihrer Ärzte folgen und sich nicht aktiv für ihre Heilung engagieren. Kranke, die in der Beziehung zu ihren Ärzten eine aktive Rolle spielen und die Aspekte wie Ernährung, Gebet, Alternativbehandlungen und eine Veränderung der Lebensweise in ihre Bemühungen um Heilung einbeziehen, haben bessere Überlebenschancen. Menschen, die von Krebs genesen, besitzen oft eine kreative und ganzheitliche Einstellung zum Leben, sie sind bereit, sich auf Abenteuer einzulassen, und es ist für mich äußerst inspirierend, mit ihnen zu arbeiten.

TANZ ALS INTEGRATIVE THERAPIE

Es besteht ein grundlegender Unterschied zwischen »Kurieren« *(curing)* und »Heilen« *(healing).* Wenn wir uns mit Tanz oder irgendeiner anderen Heilmethode beschäftigen, ist diese Unterscheidung sehr nützlich. Kurieren bedeutet, daß man eine Krankheit auf der körperlichen Ebene beseitigt. Bei Krebs geschieht dies gewöhnlich durch chirurgische Eingriffe, Chemotherapie, Bestrahlung oder andere Behandlungsformen, die sich auf den physischen Körper beziehen. Heilen hingegen bedeutet, auf vielen Ebenen gleichzeitig zu arbeiten, indem man einen

Zustand emotionaler, mentaler, spiritueller und körperlicher Gesundheit zu erreichen versucht. Heilen bezieht auch die psychische Ebene mit ein und arbeitet daran, ob sich unsere Überzeugungen positiv oder destruktiv auswirken. Deshalb kann ein Mensch, der an einer irreversiblen Krankheit leidet, zwar nicht kuriert, aber durchaus geheilt werden, und umgekehrt kann jemand körperlich kuriert, aber nicht im ganzheitlichen Sinne geheilt werden. Gemeinsam ist dem ganzheitlichen Heilungsprozeß und den schulmedizinischen Behandlungen zur Heilung des physischen Körpers, daß sie die Expansion des Lebens fördern.

Natürlich ist es unser höchstes Ziel, sowohl kuriert als auch geheilt zu werden. Ich erinnere mich noch daran, wie mein Arzt nach meiner Krebsoperation zu mir sagte: »Mit Ihnen ist jetzt wieder alles in Ordnung. Sie sind vom Krebs geheilt. Sie können wieder ein ganz normales Leben führen, genauso wie vorher.« Ich antwortete ihm: »Das ist merkwürdig, denn ich fühle mich gar nicht gut. Ich habe Angst. Ich weiß nicht, warum ich an Krebs erkrankt bin oder was für eine Art von Leben ich jetzt führen kann.« Ich war kuriert, aber keineswegs geheilt worden. Deshalb ermutige ich Menschen, ihre Genesung mit Hilfe eines integrierten Ansatzes anzustreben, der die westliche Schulmedizin ebenso wie die sogenannte Alternativmedizin umfaßt. Ich bemühe mich, nicht den Anschein zu erwecken, als würde es ausreichen, Krebs ausschließlich durch die in diesem Buch beschriebenen Ansätze zu behandeln, oder gar zu behaupten, diese könne das Leben eines Menschen verlängern. Andererseits bin ich mir sicher, daß diese Arbeit die Lebensqualität der Betroffenen verbessert oder sogar grundlegend verändert hat. Außerdem liegen überzeugende Beweise vor, daß Menschen durch Heilungsprozesse, *die ihnen selbst als sinnvoll erscheinen,* ihr Leben nicht nur zu bereichern, sondern auch zu verlängern vermögen.

In den siebziger Jahren haben Dr. Carl O. Simonton und die Psychotherapeutin Stephanie Matthews-Simonton angefangen, Patienten, die an irreversiblem Krebs litten, durch Visualisationstechniken in Verbindung mit Meditation und psychotherapeutischen Methoden zu behandeln. Dieser Ansatz, der die zwischen Geist und Körper bestehende Verbindung nutzte, wurde zur Zeit seiner Entstehung im Jahre 1975 nicht ernst genommen. Die Vorstellung, daß Visualisationen den Verlauf einer Krankheit beeinflussen könnten, wurde damals als lächerlich bezeichnet. Seither haben wissenschaftliche Untersuchungen die Pionierarbeit der Simontons mehr als bestätigt. Eine von Dr. David Siegel in den achtziger Jahren an der Stanford University durchgeführte wissenschaftliche Studie hat erheblich zur Anerkennung der Geist-Körper-Verbindung und ihrer Bedeutung bei Krankheiten beigetragen. Dr. Siegel hatte ursprünglich beweisen wollen, daß keine Beziehung zwischen Psychotherapie und Gesundheit bestünde, doch zu seinem eigenen Erstaunen stellte er eine definitive Beziehung zwischen beiden Bereichen fest. Aus seiner Studie geht hervor, daß Krebspatienten, die ihre schulmedizinische Behandlung durch Mitarbeit in einer Selbsthilfegruppe ergänzten, ihre Überlebenszeit verdoppeln konnten.

Die Studie von Dr. Siegel, der ja ein Vertreter der Schulmedizin war, verlieh der These, daß unsere Einstellungen und Emotionen unsere Gesundheit beeinflussen, Glaubwürdigkeit. Mit dieser Idee habe ich mich seit Anfang der siebziger Jahre beschäftigt. Das Ansehen expressiver kunsttherapeutischer Heilmethoden, insbesondere des Tanzes, ist mittlerweile erheblich gewachsen. Am 5. Dezember 1996 war im *San Francisco Chronicle* über Neuentwicklungen im Bereich der Medizin zu lesen: »Dr. Laura Esserman, Chirurgin und Co-Direktorin des San Francisco Breast Care Center der University of California, beabsichtigt, einen integrierten Ansatz zur Behandlung von Brustkrebs zu entwickeln, wobei konventionelle Behandlungsmethoden wie chirurgische Eingriffe, Chemotherapie und Bestrahlung mit Meditation, Yoga, Tanz und Kunsttherapien miteinander verbunden werden sollen.« Dies ist in der Tat ein wichtiger Fortschritt.

Ich habe seit 1945 versucht, durch eine Kombination aus Zeichnen, Schreiben über das Gezeichnete und Tanzen die Kreativität von Kindern zu fördern. Diese Methode erzielte so eindrucksvolle Ergebnisse, daß ich sie schließlich auch bei der Arbeit mit Erwachsenen einsetzte.

Im Jahre 1972 zeichnete ich in einem meiner Kurse ein Selbstporträt, auf dem in der Beckenregion eine graue Masse zu erkennen war. Weil ich Widerstand verspürte, dieses Bild zu tanzen, kam mir der Gedanke, daß vielleicht irgend etwas nicht in Ordnung war. Wie sich herausstellte, hatte ich einen bösartigen Tumor gezeichnet, der sich in meinem Körper entwickelt hatte. Ich wurde daraufhin operiert und erkrankte drei Jahre später erneut. Diesmal zeichnete ich ein Selbstporträt, durch das ich mich heilen wollte, und tanzte diese Zeichnung. Danach kam es zu einer Spontanremission. Dies mag merkwürdig und unglaublich klingen, doch in den letzten Jahren erkennen immer mehr Ärzte und Therapeuten die Realität dieses Phänomens an. Der verstorbene Dr. Brendan O'Regan, der am Noetic Science

Institute forschte, berichtete über 800 Fälle von Spontanremission. Daß dieses Phänomen existiert, kann wohl als erwiesen gelten, doch glaube ich nicht, daß irgend jemand weiß, *warum* das so ist.

Daß die Verbindung zwischen Geist und Körper beim Heilungsprozeß in unserer Zeit akzeptiert wird, schlägt eine Brücke zwischen der expressiven Kunsttherapie und der westlichen Schulmedizin. Dies ist ein wichtiger Schritt zur Integration unseres intuitiven und rationalen Wissens über Heilung und bietet der expressiven Kunsttherapie eine Chance, von den Menschen unseres Kulturkreises in stärkerem Maße akzeptiert und genutzt zu werden. Die meisten von uns haben gelernt, daß Geist und Körper in keiner Beziehung zueinander stehen. Die Geschichte der Krebsforschung mahnt uns, die ungeheuren Lücken in unserem Wissen über die Wirkung der Geist-Körper-Beziehung auf den Verlauf von Krankheiten möglichst bald zu schließen. Das nächste Ziel ist, die Wirkung der expressiven Kunsttherapie und insbesondere des Tanzes bei der Behandlung von Krankheiten zu untersuchen. Dem Tanz scheint in dieser Hinsicht eine besondere Bedeutung zuzukommen, da er sich mit allen übrigen Künsten verbinden kann: Bewegung, Zeichnen, Schreiben, Musizieren und Schauspiel. Tanz hat eine stark integrative Wirkung. Die Erforschung dieser Art von Ausdruckskunst ist ein wichtiger Schritt bei der Wiederentdeckung der Heilkraft des Tanzes.

Aufgrund meiner praktischen Erfahrungen haben die Orientierungskarten, die ich entdeckt habe, viele Veränderungen durchlaufen. Das vorliegende Handbuch dokumentiert, was ich bisher gelernt und herausgefunden habe. Ich hoffe, es wird Sie inspirieren, auf Ihre ganz individuelle Weise mit dem beschriebenen Material zu arbeiten. Ich möchte Ihnen nahelegen, bei der Arbeit mit Krebskranken stets Ihre eigene Kreativität und Wahrnehmungskraft zu nutzen. Was ich Ihnen anbiete, ist eine Landkarte; es handelt sich also nicht um das beschriebene Gebiet selbst. Um dorthin zu gelangen, müssen Sie mit wachem Blick beobachten und mit allen Ihnen zur Verfügung stehenden Ressourcen auf jeden Augenblick reagieren. Die zentrale Frage der Arbeit lautet: Wie können wir Veränderungen herbeiführen? Wie können wir den Tanz zur Förderung unserer Heilung nutzen? Im ersten Kapitel werde ich die Basis meiner Arbeit und die theoretische Grundlage dieses Ansatzes zur kreativen Bewegung erläutern.

DER ANSATZ

DAS TEILEN IST EIN RESPEKTVOLLER UND UNTERSTÜTZENDER AKT.

Als ich mit meiner Arbeit im Krebszentrum begann, wußte ich nicht, was auf mich zukam und wie ich meine Arbeit gestalten sollte. Nachdem sich herausgestellt hatte, daß die von mir angebotenen Bewegungsübungen positiv aufgenommen wurden, machte ich mich daran zu untersuchen, wie sich das heilende Potential des Tanzes nutzen ließ. Obwohl ich unter ganz verschiedenen Bedingungen Tanz unterrichtet hatte, fiel mir auf, daß die Kurse trotz aller Unterschiede gewisse Gemeinsamkeiten aufwiesen. Ich erkannte vier Komponenten, die in jeder Unterrichtseinheit eine wichtige Rolle spielen und die mir als wesentlich für die Bewegungsarbeit erscheinen. Es sind die Bereiche des Empfindens, der Bewegung, der Gefühle und der bildlichen Darstellung. Obwohl diese Aspekte im vorliegenden Buch einzeln behandelt werden, sollte uns klar sein, daß diese Komponenten einander ständig beeinflussen. Sie lassen sich gar nicht voneinander trennen. Bewegung beeinflußt, wie wir uns fühlen, und wie wir uns fühlen, hat Einfluß auf die Art, wie wir uns bewegen. Dies wiederum beeinflußt die Bilder, die in uns auftauchen. Tanz ist eine ganzheitliche Kunstform, und die tänzerische Arbeit soll den Kursteilnehmern helfen, sich auf eine ganzheitliche Weise zu verstehen.

Ich unterscheide in diesem Buch die Wörter »Empfindung«, »Gefühl« und »Emotion«. Im Wörterbuch wird »Empfindung« unter anderem als »Sentiment, Gefühlsregung und Leidenschaft« definiert. Außerdem wird Empfinden als eine Art, über Gefühle zu denken, bezeichnet. Es kann auch sein, daß Sie zu jemandem sagen: »Fühl mal«, und Sie meinen: »Berühre das mal.« Die drei genannten Wörter werden oft auf verwirrende Weise synonym benutzt. Für unsere Zwecke möchte ich sie wie folgt definieren:

Die Wörter »Empfindung« und »Empfinden« beziehen sich auf körperliche Empfindungen.

Beispielsweise könnte man Menschen, um ihr Gewahrsein auf ihren Körper zu konzentrieren, folgende Fragen stellen: Was empfinden Sie in diesem Augenblick? Empfinden (oder spüren) Sie irgendwo eine Anspannung? Empfinden (oder spüren) Sie in irgendeinem Teil Ihres Körpers ein Hitze- oder Kältegefühl? Spüren Sie, daß Ihre Augenlider zittern, wenn Sie sie schließen? Spüren Sie, daß sich Ihre Schultern heben? Spüren Sie den Unterschied, wenn Sie die Schultern loslassen, so daß sie herabfallen?

Mit »Gefühle« bezeichne ich Stimmungen – beispielsweise mürrisch, romantisch, aufgebracht, ungeduldig oder verletzlich.

Als »Emotionen« bezeichne ich das, was sich hinter den »Gefühlen« befindet. Hier sind tiefere Gefühlsschichten wie Liebe, Haß, Angst, Trauer, Ekstase gemeint. Es sind unsere stärksten Reaktionen auf das, was wir erleben.

DER LEBENSKUNSTPROZESS

Die Grundlage dieses Ansatzes ist eine direkte Nutzung von Bewegungen, wozu jeder Mensch in der Lage ist. Deshalb ist alles, was in meinen Kursen geschieht, für alle Teilnehmer geeignet. Das Ziel meiner Arbeit ist, mit Hilfe einfacher Bewegungen unmittelbare und persönliche Reaktionen hervorzurufen. Diese direkte Art ermöglicht es den Teilnehmern, selbst eine kreative Erfahrung zu machen, statt irgend jemanden zu imitieren. Es geht darum, Bewegungen, Gefühle, Emotionen, persönliche Bildvorstellungen und den Geist zu integrieren. Insofern handelt es sich um einen ganzheitlichen Ansatz.

Wenn unser Tanzen auf diese Weise mit den Dingen, um die es in unserem Leben wirklich geht, verbunden ist, nenne ich dies Lebenskunstprozeß. Die tänzerische Arbeit versucht, den Zugang zur Lebensgeschichte der Teilnehmer zu erschließen und diese als Grundlage für künstlerische Arbeit zu nutzen. Diese Vorgehensweise basiert auf dem Prinzip: *Wenn die Erfahrung des Lebens tiefer geht, wird auch der künstlerische Ausdruck erweitert, und wenn der künstlerische Ausdruck wächst, wird auch die Erfahrung des Lebens tiefer.* Ich habe festgestellt, daß der interaktive Prozeß gerade bei Menschen mit lebensbedrohlichen Erkrankungen sehr wirksam ist. In diesem Buch wird veranschaulicht, wie jeder Mensch mit Hilfe des Lebenskunstprozesses seinen eigenen heilenden Tanz entdecken kann.

»Bitte sag den anderen in der Gruppe, daß es mir gut geht.«

»Meine Hände sind ein Akt des Liebens.«

EMPFINDUNG

Tanz ist ein Medium des Körpers und ein Ausdrucksinstrument. Er hilft uns, auf vielerlei Weisen gegenwärtig zu werden. Der erste Schritt bei dieser Arbeit besteht darin, daß wir uns in unseren Körper begeben und uns darin heimisch machen. Dies erreichen wir mit Hilfe unserer Sinne. Unsere Empfindungen führen uns in unseren Körper.

Überlegen Sie, welche Sinne Sie haben. Unsere Sinne sind: Sehen, Hören, Tasten, Riechen und Schmecken. Außerdem gibt es das motorische und das kinästhetische Empfinden. Haben Sie daran gedacht? Wenn ja, sind Sie eine Ausnahme. Die meisten Menschen vergessen das kinästhetische und das motorische Empfinden, obwohl diese den größten Teil unseres Gehirns beschäftigen. Vielleicht sind diese Sinne durch unsere Lebensweise abgestumpft. Wir verbringen den größten Teil unseres Lebens in Autos, Flugzeugen und Bahnen, sitzen vor dem Fernsehgerät sowie an Schreib- und Zeichentischen. Sitzen, sitzen, sitzen ... Und wenn wir gehen, dann gewöhnlich auf Zement. Um unsere Füße zu schützen, tragen wir beengende Schuhe, verlieren dadurch den Kontakt zur Erde und büßen das Empfindungsvermögen unserer Füße ein. Leben wir in einer Stadt, müssen wir uns vor dem Übermaß an Geräuschen und Gerüchen schützen.

Fast alles, was die modernen Industriegesellschaften ausmacht, leugnet das Leben des Körpers und bevorzugt den Geist. Fritz Perls, der Begründer der Gestalttherapie, hat oft gesagt: »Verliert euren Kopf, und findet eure Sinne wieder.« Unsere gewöhnliche Reaktion auf das Übermaß der Reize besteht darin, daß wir die Sinne abschalten. Wenn wir dies tun, verlassen wir in gewisser Weise unseren Körper; wir verlassen unser Zuhause und isolieren uns von unserer reichen Innenwelt. Diese beherbergt unsere Gefühle, unsere Emotionen und unseren Geist. Sie enthält die Erinnerungen an unsere Vorfahren, unsere Vergangenheit, unsere Gegenwart und unsere Zukunft. Wir alle leben in einem Körper, der sich über Millionen von Jahren entwickelt hat und der sich mit jeder Generation weiterentwickeln wird. Jeder von uns hat einen einzigartigen Körper. Nirgendwo im Universum gibt es einen zweiten, der dem unseren völlig gleicht. Und dieser Körper ist dazu geschaffen, zu überleben. Er verfügt über Weisheit, die Fähigkeit zu Staunen und Magie. All dies kann er für den großen Tanz des Lebens nutzen. Wenn wir aus persönlichen und kulturellen Gründen unseren Körper verlassen, können Krankheiten entstehen, und wir wissen dann oft nicht, wie wir unsere Gesundheit wiedererlangen können. Wenn wir krank werden, bekommen wir möglicherweise das Gefühl, von unserem Körper, dessen Gesundheit wir bisher als Selbstverständlichkeit angesehen hatten, verraten worden zu sein. In diesem Fall ist es wichtig, daß wir zu unserem Körper zurückkehren und unsere Sinne aufwecken, so daß die natürliche Heilkraft wieder erstarken kann.

Nehmen Sie sich einen Augenblick Zeit, öffnen Sie Ihre Ohren, und hören Sie die Klänge und Geräusche in Ihrer Umgebung. Was hören Sie? Schauen Sie sich anschließend mit einem frischen Blick um, als würden Sie Ihre Umgebung zum ersten Mal sehen. Was sehen Sie? Riechen Sie an einem Lorbeerblatt, berühren Sie die rauhe Rinde eines Baumes, gehen Sie mit einer Augenbinde durch den Wald, machen Sie bei Vollmond einen Spaziergang, wälzen Sie sich im warmen Sand oder im kalten Schnee, springen Sie einmal kurz ins Meer, arbeiten Sie im Garten, und stecken Sie dabei die Hände ins Erdreich, ziehen Sie Schuhe und Strümpfe aus, und gehen Sie barfuß durch das Gras. Wenn es das nächste Mal regnet, ziehen Sie sich aus und lassen den Regen auf Ihren nackten Körper prasseln. Riskieren Sie etwas, tun Sie, was Ihnen Spaß macht, und genießen Sie Ihre Empfindungen. Machen Sie sich Ihren Körper und alle seine wunderbaren Eigenschaften zu eigen. Dies können Kinder sehr gut, Erwachsene haben es dagegen oft vergessen.

Bei einem Spaziergang traf ich nach einem starken Regen ein kleines Mädchen, das mit den Füßen fröhlich in einer Pfütze herumstapfte. Das Kind kicherte, während das Wasser emporspritzte. Es trug leuchtend rote Schuhe, die beim Aufprall auf das Wasser ein klatschendes Geräusch erzeugten. Der ganze Körper dieses Mädchens war von Freude erfüllt. Die Eltern warteten geduldig, bis das Kind seinen Stampftanz in der Pfütze beendet hatte. Als sie gemeinsam weitergingen, wirkte ihr Schritt ein wenig fröhlicher.

BEWEGUNG

Wenn Sie an Tanz und Bewegung denken, kommt Ihnen dann Ballett, Modern Jazz Dance oder irgendeine andere Form stilisierter Bewegung in den Sinn? Viele Menschen trauen sich wegen solcher Assoziationen nicht zu tanzen. Tanz kann jedoch auch als direkte und natürliche Art, sich zu bewegen, verstanden werden, ohne daß irgendeine Autorität diesem Tun bestimmte Vorstellungen über Ästhetik aufzwingt. Tanz muß nicht unbedingt anmutig, hübsch oder spektakulär wirken, sondern kann auch grotesk, häßlich, unbeholfen, komisch und erschreckend sein. Tanz kann Konflikte zum Ausdruck bringen. Tanz kann stapfen, fallen, angreifen, umklammern und sich ausstrecken. Tanz kann sich öffnen, sich schließen, sich auf Zehenspitzen bewegen, kriechen, sich drehen und wenden, stampfen, springen, laufen oder hüpfen. Außerdem können wir uns beim Tanzen mit anderen zusammen oder allein bewegen, und dies rückwärts, vorwärts, auf und ab. Bewegung findet überall und ständig statt. Sie manifestiert sich in den Bewegungen unserer Zellen, im Pulsieren unseres Blutes, im Rhythmus unseres Atems. Sie gelangt auch im Steigen und Fallen der Meereswellen und im Wechsel von Nacht und Tag zum Ausdruck. Bewegung ist Leben und der Ursprung des Tanzes. Jeder Körper, so alt oder jung er auch sein mag, hat die Fähigkeit, sich zu bewegen, selbst wenn sich nur Ihr kleiner Finger bewegt oder Sie sich lediglich vorstellen, daß Sie eine Bewegung ausführen.

Eine Frau mit Krebs im fortgeschrittenen Stadium berichtete in einem meiner Kurse über ein Erlebnis, das diesen Aspekt veranschaulicht. Sie sagte, sie habe kürzlich ein Audioband mit Anleitungen zu Bewegungsübungen von mir bekommen. Sie habe die Übungen ausführen wollen, sei dazu aber zu schwach gewesen. Sie habe das Band trotzdem abgespielt und einfach ihre Augen und Hände bewegt. Dies war für sie ein tiefes Erlebnis gewesen. Ich kenne einen Mann, der nach einem schrecklichen Autounfall monatelang mit Gips und Verbänden im Krankenhaus lag. Er wurde jeden Tag von einem Heiler durch vorgestellte kinästhetische Aktivitäten geleitet, beispielsweise einen Spaziergang am Meer oder eine Fahrt mit dem Fahrrad. Der Kranke stellte sich die Bewegungen also lediglich vor. Ebenso ritt er auf einem Pferd und spielte Tennis. Diese Arbeit setzte der Kranke mit dem Heiler über Monate fort. Obwohl sein Arzt ihm prophezeit hatte, daß er nach der Entfernung des Verbandes nicht gehen könne, warf er die Beine aus dem Bett, stand etwas unsicher, aber entschlossen auf und ging umher. Bewegung kann auch dann eine machtvolle Wirkung haben, wenn sie nur vor dem geistigen Auge ausgeführt wird. Ganz gleich, in welchem körperlichen Zustand sich ein Mensch befindet, es ist ihm in jedem Fall möglich, eine Beziehung zur Bewegung herzustellen.

DAS FEEDBACK ZWISCHEN BEWEGUNG UND GEFÜHLEN

Wenn die Bewegung von der Beschränkung stereotyper Gestik befreit wird, entsteht ein natürliches Feedback zwischen Bewegung und Gefühlen. Probieren Sie einmal folgendes aus: Werfen Sie Ihre Arme kraftvoll in die Luft, und sagen Sie laut: »Ich bin so deprimiert.« Verschränken Sie anschließend die Arme vor der Brust, und sagen Sie laut: »Ich fühle mich so glücklich.« Die jeweilige Haltung und die Aussage über das Gefühl sind so konträr, daß beides zusammen absurd erscheint. Die Arme in die Luft zu werfen wirkt anregend und kann ein siegreiches und freudiges Gefühl erzeugen. Das Verschränken der Hände vor der Brust hingegen ist eher ein Ausdruck von Schmerz oder Angst.

Diese Wechselwirkung zwischen Bewegung und Gefühl ist ein wichtiges Element des menschlichen Ausdrucks. Wenn Sie dies verstehen, können Bewegungen Gefühle zum Ausdruck bringen. Dies ist ein unverzichtbarer Bestandteil des Heilungsprozesses. Unterdrückte oder inkongruente Gefühle hemmen die Aktivität des Immunsystems und verursachen Schmerz und Krankheit. Wir arbeiten an unserer Ausdrucksfähigkeit und der Kongruenz. Dieser Prozeß wird begünstigt, wenn uns klar ist, daß Bewegung und Gefühle in einer ständigen Wechselwirkung miteinander verbunden sind.

Aus diesem Grund konfrontiere ich Kursteilnehmer mit einer großen Vielfalt von Bewegungsarten, damit ebenso zahlreiche emotionale Reaktionen ausgelöst werden. Fließende, ungelenke, kraftvolle, sanfte, expansive, kontrahierte, nach außen strebende, sich zurückziehende, schnelle und langsame Bewegungen sind nur einige Beispiele. Und jede dieser Bewegungsarten ruft ein anderes Gefühl oder eine andere emotionale Reaktion hervor. Es ist wichtig, so viele wie möglich von diesen zu erforschen. Eine bestimmte Bewegung kann etwas hervorrufen, das ein Kursteilnehmer noch nie zuvor erlebt hat und sich als wichtiger Aspekt in der persönlichen Geschichte dieses Menschen erweist.

Manchmal hindern wir uns an bestimmten Bewegungen, weil wir unbewußt Angst vor den Gefühlen haben, die dadurch zutage treten könnten. So habe ich beispielsweise erlebt, daß starke Frauen sich manchmal völlig kraftlos fühlen, wenn sie gebeten werden, einen kräftigen Schlag oder Tritt auszuführen. Die Betreffenden haben gewöhnlich Angst, ihre Wut zu erfahren. Ich habe auch erlebt, wie Männer sanfte, fließende und lyrische Bewegungen entdeckten, die neue und aufregende Gefühle bei ihnen auslösten. Die Wechselwirkung zwischen Bewegung und Gefühlen ermöglicht uns, ein größeres Spektrum von Bewegungsqualitäten zu erforschen. Wenn wir erst einmal gelernt haben, eine unbekannte Bewegung zu erleben, eröffnet uns dies oft den Zugang zu neuen Emotionen.

Wir alle haben unsere blinden Flecken, und diese beeinflussen unsere Art zu leben. Beispielsweise entdeckte eine Frau nach anfänglichem Zaudern, daß sie zu sehr kraftvollen Bewegungen in der Lage war, obwohl es ihr zunächst schwerfiel, dieselben auszuführen. In der folgenden Woche berichtete sie, wenn sie mit ihrem Partner im Auto fahre, spüre sie, Wut in sich aufkommen. Zum ersten Mal in ihrem Leben war sie in der Lage, dieses Gefühl ohne Angst zum Ausdruck zu bringen. Sie war völlig verblüfft, daß dies akzeptiert wurde und sie sich danach gut fühlte. Da die Fähigkeit, uns selbst zu erfahren und uns auszudrücken, mit dieser Beziehung zwischen Bewegung und Gefühlen zusammenhängt, müssen wir als Lehrer unseren Kursteilnehmern ein möglichst umfassendes Spektrum von Bewegungen anbieten. Natürlich trifft das Umgekehrte ebenfalls zu: Wenn wir uns ein umfassendes Bewegungsvokabular erschließen, verfügen wir über mehr Freiheit, uns so auszudrücken, wie wir uns tatsächlich fühlen.

GEFÜHLE UND EMOTIONEN

Bei dieser Art von Arbeit ist die Bewegung das Entscheidende. Unsere Gefühle und Emotionen werden in Bewegungen kanalisiert. Die Kursteilnehmer sollten ihre Erfahrungen an einem sicheren Ort zum Ausdruck bringen, ganz gleich, ob es sich um Angst, Neid, Zärtlichkeit, Liebe, sexuelle Empfindungen oder Leidenschaft handelt. Um welche Gefühle es geht, spielt keine Rolle. Für Urteile und moralistische Anwandlungen jeglicher Art ist in diesem Zusammenhang kein Platz. Das folgende Beispiel veranschaulicht, wie Emotionen in Bewegung kanalisiert werden. Als wir mit der Arbeit in einem Kurs begannen, fing eine Frau plötzlich an, sehr schnell zu reden und zwischendurch zu schluchzen. Sie wurde allmählich hysterisch, und was sie sagte, wirkte etwas verworren. Ich forderte sie auf, sie solle statt zu reden ihre Gefühle durch Bewegungen zum Ausdruck bringen. Daraufhin tanzte sie ihre Gefühle, wobei diese sich allmählich verwandelten.

Als die Teilnehmerin zu reden aufhörte und anfing, sich zu bewegen, bemerkte ich, daß sie den Atem anhielt. »Atmen Sie«, forderte ich sie auf, und jedesmal wenn irgendein Gruppenmitglied eine Anspannung im Körper der Frau bemerkte, machte dieser Teilnehmer die Frau darauf aufmerksam, daß sie auf die betreffende Stelle achten sollte. Nach wenigen Minuten hatte sie sich wieder beruhigt. Ihre Tränen verwandelten sich in ein Lächeln. Dies war möglich, weil sie ihre Emotionen in einen Bewegungsausdruck umwandelte. Sie wurde nicht dazu angehalten, ihre Gefühle zu unterdrücken, sondern sich mit Hilfe der Bewegung tiefer auf dieselben einzulassen. Dies half ihr, die betreffenden Gefühle aufzulösen und sich der nächsten Phase ihres Prozesses zuzuwenden.

BILDLICHE VORSTELLUNG

Kennzeichnend für Menschen, die krank sind, ist, daß sie keinen Einfluß auf die körperliche Realität haben. Ihr Körper verändert sich, ohne daß sie etwas tun. Indem sie ihre Vorstellung von sich selbst auf ein Stück Papier zeichnen, beginnen sie, ihr Leben unter Kontrolle zu bringen. Sie kontrollieren damit die äußere Welt.

MIKE SAMUELS

Die Wechselwirkung zwischen Bewegung, Gefühlen und Bildern findet auf einer Ebene jenseits des Verbalen statt. Nicht immer können wir verstehen, was unsere Gefühle beinhalten, woher sie stammen oder wie sie zu unserem Leben stehen. Durch das Bemühen, die Botschaften unseres Körpers zu verstehen, statt sie zu analysieren oder mit kognitiven Mitteln zu interpretieren, entwickelt sich in unserem Geist eine bildliche Vorstellung. Werden diese Bilder auf Papier oder Leinwand festgehalten, nennen wir sie Visualisationen. Wenn wir diese Bilder durch Tanz mit unseren Bewegungen und Gefühlen bzw. Emotionen verbinden, nenne ich sie psychokinetische Visualisationen.

Der Prozeß des psychokinetischen Visualisierens besteht aus drei Abschnitten. Wir versenken uns in unser Inneres, um unser persönliches Bild zu finden; wir zeichnen dieses auf ein Blatt Papier; und schließlich setzen wir dieses Bild in

VISUALISATIONEN, DIE VIER HEILUNGSSTADIEN BESCHREIBEN

1. IDENTIFIKATION

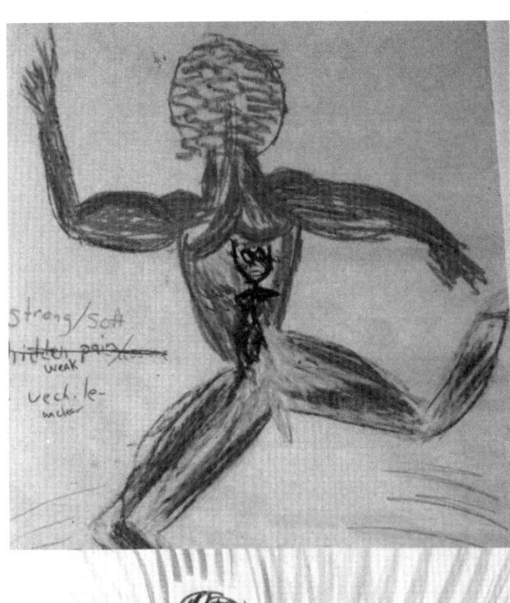

2. KONFRONTATION
»Du bist nicht gut genug.«

3. BEFREIUNG
»Ich fürchte dich nicht.«

4. VERÄNDERUNG
Fünf Tage später am Ende des Kurses ein zweites Selbstporträt.

Bewegung um: Wir »tanzen« es. Dabei zeichnen die Teilnehmer auf ein Blatt Papier von 45 mal 55 cm. So können sie ungehindert zeichnen, andererseits aber wirkt der leere Raum auf dem Blatt nicht beängstigend. Es ist erstaunlich, wie leicht Menschen trotz anfänglichen Zögerns Vertrauen in ihre Fähigkeiten entwickeln. Es ist ebenso natürlich, zu zeichnen wie sich zu bewegen. Besondere Fertigkeiten, wie ein Maler sie haben muß, sind für diese Arbeit nicht erforderlich. Solche Techniken können einen spontanen und realitätsgetreuen Ausdruck sogar behindern.

Manchmal taucht bei diesem Prozeß ein Bild auf, das erst später in einer Bewegung verkörpert wird. Ein junger Mann zeichnete einmal einen machtvollen Krieger. Als er dann versuchte, dieses Bild zu tanzen, waren seine Beine wie Spaghetti. Er war einfach nicht in der Lage, kraftvolle Bewegungen auszuführen. Durch die Hilfe seines Partners, der ihn drängte, weiterzumachen und ihm immer wieder die Worte »Ich habe keine Angst vor dir« vorhielt, die er selbst geschrieben hatte, fand er schließlich doch die Kraft, und seine Stimme gewann an Überzeugung. Durch das Bild entdeckte er einen Teil von sich, der ihm vorher unbekannt gewesen war. Das gab ihm die Stärke, sich mit seinen Ängsten auseinanderzusetzen.

TANZ

Wir haben uns mit Bewegung, Gefühlen und Emotionen sowie bildlichen Vorstellungen als drei getrennten Kategorien beschäftigt. Dies ist insofern irreführend, als es sich im Grunde um drei Ebenen des Gewahrseins handelt, die sich nicht trennen lassen. Sie wirken stets zusammen, auch wenn wir uns in unserer Arbeit auf jeweils einen Aspekt konzentrieren. Die künstliche Trennung hilft uns, auf jeder Gewahrseinsebene ein größeres Spektrum an Möglichkeiten zu entwickeln. Letztendlich jedoch handelt es sich nur um verschiedene Aspekte eines Ganzen. Wenn die drei Ebenen des Gewahrseins in unserem Körper zu einem Ganzen werden, können wir mit unserer eigenen Heilkraft tanzen. Diese Tänze sind für jeden völlig einzigartig. Sie entstehen aus unseren unmittelbaren Bewegungen, Gefühlen bzw. Emotionen und Bildern und sind deshalb repräsentativ für unser Leben.

Die Integration der drei Ebenen des Gewahrseins erzeugt durch Tanz Kreativität. Tanz und kreatives Tun haben aus vielerlei Gründen eine erstaunliche Wirkung auf den Heilungsprozeß:

• Krebszellen entstehen in unserem Körper; sie sind keine Eindringlinge, die von außen kommen. Ebenso wie es auf der Welt keine zwei Menschen gibt, die einander völlig gleichen, existieren auch keine zwei genau gleichen menschlichen Körper. Auch Krebszellen sind einzigartig. Dies macht die Behandlung von Krebs so schwierig: Es gibt einfach keine Therapie, die bei jedem Menschen gleich wirkt. Die Behandlung muß auf die spezifischen Bedürfnisse jedes einzelnen abgestimmt werden. Die Tanzerfahrung muß daher als kreativer Prozeß verstanden werden, der einen individuellen Ausdruck ermöglicht, statt daß die Teilnehmer einer vorgegebenen Formel oder einem von außen auferlegten Muster folgen. Wenn wir unsere Tänze tanzen und diese wirklich aus uns heraus entstehen, sind sie einzigartig und entsprechen unseren spezifischen Bedürfnissen. Die von uns geschaffenen Tänze können uns nutzen, weil sie aus unserem Körper und unserer speziellen Krankheit hervorgegangen sind.

• Tanz als kreativer Akt stellt einen wichtigen Zustand der Objektivität her. Immer wieder höre ich Teilnehmer meiner Kurse über ihren Schmerz und ihr Leiden klagen. Wenn sie sich nach der Arbeit von mir verabschieden, ist es zu einer umfassenden Transformation gekommen. Etwas hat sich verändert. Das Erleben unserer Kreativität läßt uns die Fessel der Identifikation mit unserem Leiden sprengen. Oft werden wir von dieser Identifikation durch den kreativen Akt eines Tanzes erlöst, der unser Erleben offenbart, so daß andere es nachvollziehen können. Dies hat nichts mit Leugnen gemein, sondern zeigt eine neue Perspektive. Ich stelle mir den Akt der Schöpfung gern als das Gebären eines Mythos vor – als einen ursprünglichen, Leben erzeugenden Akt. In Schöpfungsmythen werden wir alle nach dem Bilde Gottes, des großen Geistes, Allahs, Buddhas, Shivas, der Sterne, der Erde oder der Lebenskraft geschaffen – worin auch immer das große Mysterium bestehen mag, das uns alle, die Lebewesen und die Erde selbst, miteinander verbindet –, wenn wir tanzen, sind wir selbst jenes Geheimnis und das schöpferische Prinzip.

• Tanzen umfaßt unser ganzes Sein. Tanz ist meiner Ansicht nach die machtvollste unter den Künsten, weil sie ihrem Wesen nach ganzheitlich ist. Unser Körper fungiert dabei nur als Instrument. Er ist unmittelbar und jederzeit zugänglich, und er enthält unsere Weisheit und Wahrheit. Wir benutzen beim Tanzen alle unsere Sinne. Wir bewegen uns, erzeugen Geräusche, singen, zeichnen und schreiben. Vielleicht hat der Anthropologe Kurt Sachs deshalb gesagt: »Tanz ist die

Mutter der Künste.« Im Tanz sind alle anderen Künste enthalten. Indem wir diese Integration erleben, können wir auch den Tanzenden als eine ganzheitliche, integrierte Person erfahren. Wir alle sind in unserem Wesen Künstler und brauchen keine jahrelange Spezialausbildung, um Tanzkünstler zu werden. Wir bewegen uns, reagieren, fühlen und kreieren. Diese Überzeugung liegt meinem Ansatz zur Entwicklung des expressiven Ausdrucks zugrunde: Er umfaßt alles. Und jeder kann ihn in die Tat umsetzen.

ZUSAMMENFASSUNG

Gott bewahre mich vor den Gedanken,
die die Menschen nur in ihrem Geiste denken.
Er, der ein dauerhaftes Lied singt,
denkt im Mark der Knochen.

WILLIAM BUTLER YEATS

Der hier beschriebene Ansatz, die Bewegung zu mobilisieren, basiert auf der Überzeugung, daß vom kontrollierenden und zensierenden Verstand unabhängige Bilder und Emotionen auftauchen, wenn wir statt der Sprache der Worte die Sprache der Bewegung benutzen. Worte bezeichnen, was wir bereits wissen; ausdrucksvolle Bewegungen offenbaren das Unbekannte. Empfindungen, Gefühle, Emotionen und Bilder, die lange in unserem Körper verborgen waren, treten durch Bewegung zutage. Dabei können wir auch alte Muster, Gewohnheiten und destruktive Überzeugungssysteme verändern. Ich werde in diesem Buch einige Methoden und Aktivitäten beschreiben, die zu einer persönlichen Transformation geleiten.

Zum Zeitpunkt der Entstehung dieses Buches sind zehn Jahre vergangen, seitdem ich im Cancer Support and Education Center begann, die Verbindungen zwischen Tanz und Heilung zu erforschen. Ich habe sehr viel gelernt, indem ich den Teilnehmern meiner Kurse zuhörte und mit Hilfe des Tanzes auf ihre Ängste und ihr Entsetzen antwortete, indem ich durch den Tanz Zeugnis ablegte von ihrem Schmerz und ihren Tränen, indem ich durch den Tanz ihre Verwirrung und

Bestärkung des Lebenswillens

ihre Angst unterstützte, ihre Trauer und ihre Verlustgefühle erfuhr und mich durch den Tanz an ihrem Mut und ihren Siegen erfreute. Ich habe viel über die Kraft von Gruppen gelernt, in denen alle ein Mitglied, das strauchelt oder deprimiert ist, unterstützen und dazu drängen, wieder aufzustehen; in denen jeder Teilnehmer seine Geschichte mitteilt und dadurch die Geschichten der übrigen bereichert. Gemeinschaften verfügen über ungeheure Energien, wenn Menschen das Risiko eingehen, sich und ihre Krankheiten zu offenbaren, und wenn die Gemeinschaft mit liebevoller Unterstützung darauf reagiert. Ich habe getanzt, wenn ich traurig war über den Tod eines anderen Menschen, der mir etwas bedeutete, oder wenn ich meine fast unerträgliche Freude beim Triumph eines anderen über den Tod zum Ausdruck gebracht habe. Ganz gleich, was geschah, ich habe es nie versäumt, zum Tanz zurückzukehren, um meinen Lebenswillen zu stärken. Das ist die wichtigste Lektion, die ich Menschen übermitteln kann: Tanzt und erneuert eure Lebenskraft.

DER AUFBAU DIESES HANDBUCHS

Wenn es mir gelingt, auch nur ein einziges Herz
vor dem Zerbrechen zu bewahren …

In diesem Handbuch werden neun Arbeitspläne für Sitzungen mit unterschiedlicher Thematik beschrieben. Jedes Thema bezieht sich auf ein Problem, das für Menschen, die mit Krebs leben, von besonderer Bedeutung ist. Jedes Thema ist mit einer anderen Bewegungsqualität und unterschiedlichen emotionalen Reaktionen verbunden. Die Arbeitspläne basieren auf meiner persönlichen Erfahrung, und ich habe sie ausgewählt, weil sie auf wichtige Punkte Bezug nehmen. Sie sind eher als roter Faden zu verstehen und stellen keine verbindliche Vorgehensweise dar. Im Laufe eines Kurses verändern sich Themen, an denen gearbeitet wird, und die aktuellen Bedürfnisse der Gruppe ergeben neue Themenschwerpunkte. Kein Kurs verläuft wie der andere, so wie es keine völlig gleichen Gruppen gibt. Oft beginne ich mit sorgsam ausgearbeiteten Plänen und bin nach der Sitzung erstaunt, was daraus geworden ist. Als Bewegungslehrer muß man folgende Voraussetzung beherzigen: Was ich geplant habe, wird sich den Bedürfnissen des Augenblicks entsprechend verändern.

Benutzen Sie das in diesem Buch vorgestellte Material, um Ihre eigene Kreativität und die Ihrer Gruppe zu aktivieren. Außerdem sollten Sie die beschriebenen Übungen selbst ausprobiert haben, bevor Sie sie anderen Menschen vermitteln. Sie verstehen dann das Potential der Übungen besser und spüren, wie sie Ihren Körper, Ihre Gefühle, Ihre Emotionen und Ihre bildliche Vorstellung beeinflussen. Ihre persönliche Erfahrung ist entscheidend. Denn wie wollen Sie sonst herausfinden, ob es sich um etwas handelt, das der Mühe wert ist? Es kommt Ihrer Motivation zugute, wenn Sie mit jemandem zusammenarbeiten, denn dann können Sie die Arbeitspläne und ihre Wirkungen eingehender diskutieren und erforschen.

Ihr eigener Enthusiasmus und Ihr Glaube an die Heilkraft des Tanzes ist für Sie als Bewegungslehrer einer der entscheidenden Faktoren für die Wirkung Ihrer Arbeit. Der mittlerweile verstorbene Brendan O'Regan hat einmal eine faszinierende Untersuchung durchgeführt, die diesen Punkt sehr gut veranschaulicht. Während eines Vortrags sprach er von einem chemotherapeutischen Wirkstoff namens Cisplatinum, in den man zu jener Zeit große Hoffnungen setzte. In der Anfangsphase erzielten Ärzte mit diesem Mittel eine 75prozentige Erfolgsquote. Später ließ der anfängliche Enthusiasmus nach, und bei der eher routinemäßigen Verabreichung sank die Effektivitätsquote auf 25 Prozent. Daran sollten sich alle erinnern, die andere Menschen auf irgendeine Weise führen: Wir müssen von unserer Arbeit wirklich überzeugt sein und unseren Enthusiasmus auf diejenigen, mit denen wir arbeiten, übertragen. Deshalb müssen Sie auch wirklich *erfahren,* was dieser Bewegungsarbeit zugrunde liegt, um andere überzeugen zu können. Ich vertrat einmal die Auffassung, ich könnte etwas nur dann lehren, wenn ich die Wirkung der betreffenden Methode erklären könnte. Heute glaube ich, daß ich nicht alle Fakten über den Wirkungszusammenhang zu kennen brauche, aber die Wahrheit kennen muß, die die persönliche Erfahrung selbst beinhaltet.

In diesem Handbuch geht es um eine am einzelnen orientierte Arbeit mit kleinen Gruppen. Am Ende des Buches finden Sie die Nutzung des Tanzes in größeren Gemeinschaften und Gruppen beschrieben. Heilen in Gemeinschaften hat eine ungeheuer starke Wirkung, und ich glaube, daß wir diesem Bereich viel mehr Aufmerksamkeit schenken sollten.

Das vorliegende Buch wendet sich gleichermaßen an weibliche und männliche Interessenten. Formulierungen wie »er/sie« bzw. »er oder sie« habe ich bewußt vermieden. Alle Arbeitspläne sind für eine dreistündige Sitzung konzipiert. Wenn Ihnen weniger Zeit zur Verfügung steht, empfehle ich Ihnen, nur einen Teil des beschriebenen Materials zu nutzen, statt die für die einzelnen Übungen vorgesehene Zeitspanne zu verkürzen. Obwohl die Anleitungen gewöhnlich im Gruppenkontext zur Anwendung kommen, können sie auch bei der Arbeit mit einzelnen benutzt werden und eignen sich für Erwachsene ebenso wie für Kinder.

LEHRER ODER STUDENT?

Wenn es mir gelingt, auch nur ein einziges Herz vor dem Zerbrechen zu bewahren,
wenn ich den Schmerz eines einzigen Lebens lindern kann,
so ist mein Leben nicht vergebens gewesen.

EMILY DICKINSON

Lehrer und Therapeuten aller Art, wir brauchen euch. Menschen in der Welt der Kunst: Tänzer, Musiker, Maler, Bildhauer, Schauspieler, Dichter, Schriftsteller,

Aktionskünstler, wir brauchen euch. Wir brauchen euch, damit ihr eure künstlerische Arbeit und eure Imagination zu Werkzeugen für die Heilung macht. Und ich glaube, daß auch ihr uns braucht. Diejenigen, die das Trauma der Konfrontation mit dem Tod durchlebt haben, erlangen Einsicht in das Leben. Der Mut, die Würde und die Hingabe von Menschen, die mit Krebs und anderen lebensbedrohlichen Krankheiten leben, ist eine Inspiration und eine Lektion für uns alle. Es könnte sein, daß Sie sich bei der Arbeit mit ihnen ebenso in der Rolle des Lernenden wie in der des Lehrers wiederfinden werden.

DIE STRUKTUR DER ARBEITSSITZUNGEN

DIE ÄUSSEREN GEGEBENHEITEN EINES KURSES

An einem Kurs nehmen durchschnittlich vierzehn Männer und Frauen teil. Eine solche Gruppe besteht hauptsächlich aus Menschen, die mit einer physischen Behinderung oder einer lebensbedrohenden Krankheit wie Krebs oder Aids leben. Die Teilnehmer werden aufgefordert, ihre nächsten Angehörigen, ihre Freunde oder diejenigen, die für sie sorgen, in die Arbeit einzubeziehen. Es kann auch sein, daß sich Ärzte, Krankenschwestern oder Pfleger unter den Teilnehmern befinden. Das Alter der Gruppenmitglieder liegt zwischen 20 und 70 Jahren. Gewöhnlich haben die Teilnehmer keinerlei Vorerfahrung mit Tanz. Sie sind zum Kurs gekommen, weil sie in einer Zeitung darüber gelesen haben, irgendwo ein Flugblatt gefunden oder ein solches zugeschickt bekommen haben. Vielleicht ist ihnen die Arbeit auch von einem Krebszentrum, auf einer Konferenz oder von einem Freund empfohlen worden. Gewöhnlich finden sich wesentlich mehr Frauen als Männer zu den Kursen ein. Tanz ist in der weißen westlichen Kultur weitgehend dem »Weiblichen« zugeordnet worden. Deshalb halten heterosexuelle Männer Tanz oft für eine Kunstform, die für sie ungeeignet ist. Trotzdem genießen die Männer die Arbeit in den Kursen nicht nur, sondern empfinden sie als ebenso nützlich wie die Frauen.

Versammlungsorte für derartige Kurse können unter anderem sein:

- ein Platz in freier Natur,
- ein Raum mit einem sauberen, warmen und geräumigen Boden,
- ein kleines Wohnzimmer mit Stühlen,
- ein großer Raum in einem Krankenhaus.

Alle diese Orte können sowohl einschränken als auch Chancen bieten. Einige Übungen lassen sich an bestimmten Orten nicht ausführen; Sie müssen dann Neues erfinden und Ihre Kreativität einsetzen. Wenn der Boden nicht benutzt werden kann, gibt es vielleicht Stühle. Ich habe eigens für solche Situationen Bewegungen entwickelt, die neue Möglichkeiten erschließen. Diese haben sich so bewährt, daß ich sie mittlerweile öfter nutze, als eigentlich erforderlich ist. Vor meiner ersten Arbeit in einem Krankenhaus war ich entsetzt, denn ich stellte mir

Krankenhäuser als kalte, unpersönliche Einrichtungen vor. Nachdem ich dort einige Sitzungen geleitet und der Ort sich durch die Energie unserer Arbeit verändert hatte, empfand ich das Krankenhaus als eine warme und freundliche Umgebung. Sie müssen in jeder Situation auf eine möglichst angenehme Weise arbeiten.

Sie benötigen für die Arbeit folgende Materialien:

1. Große Zeichenblöcke, etwa im Format 45 x 55 cm. Es sollte für jeden ein eigener Block vorhanden sein, und die Teilnehmer sollten ihre Zeichnungen in chronologischer Reihenfolge sammeln.
2. Musikinstrumente für die musikalische Begleitung wie Rasseln, Trommeln, Glocken, Tambourine und Klanghölzer sind nützlich, wenn Sie jede Woche am gleichen Ort arbeiten. Außerdem brauchen Sie ein Abspielgerät für CDs und Kassetten.
3. Ich empfehle den Teilnehmern, ein Tagebuch mitzubringen.
4. Legen Sie den Teilnehmern bequeme Kleidung nahe.

Bevor Sie mit einem Kurs beginnen, müssen Sie einige Vorbereitungen treffen:

1. Entwerfen Sie einen ansprechenden Handzettel, auf dem Sie den Kurs beschreiben. Führen Sie soweit möglich vor Beginn des Kurses mit allen Interessenten ein persönliches Gespräch. Dadurch können beide Seiten sich über eventuelle Erwartungen klar werden und dieselben aufeinander abstimmen.
2. Fordern Sie die Teilnehmer auf, einen Schreibblock sowie ein Bettuch oder eine Decke mitzubringen.
3. Auch der finanzielle Aspekt ist wichtig, und wie Sie sich in dieser Hinsicht entscheiden, hängt von Ihren allgemeinen Zielsetzungen ab sowie davon, was für eine Situation Sie schaffen wollen. Sie können sich um eine Subvention oder Spende bemühen und auf diese Weise den größten Teil der Programmkosten decken. In diesem Fall können Sie die Kurse zu Preisen anbieten, die auf die Möglichkeiten der einzelnen Teilnehmer abgestimmt sind, da die Kosten nicht unbedingt durch die Teilnahmegebühr gedeckt werden müssen. Sie können die Kosten aber auch durch eine normale Teilnahmegebühr decken. Die dritte Möglichkeit ist, daß Sie Ihre Zeit gratis zur Verfügung stellen und sich für den

Kurs einen Raum in einer öffentlichen Institution suchen, für den Sie keine Miete zu bezahlen brauchen.

4. Bemühen Sie sich um eine klare Wegbeschreibung zum Veranstaltungsort, und geben Sie den Termin der Veranstaltung an. Respektieren Sie die Zeit der Teilnehmer, indem Sie zum festgelegten Zeitpunkt beginnen und die Arbeit ebenso pünktlich beenden, es sei denn, die Gruppe ist damit einverstanden, länger zu bleiben.

Zu Ihrer Aufgabe als Lehrer gehört es, dafür zu sorgen, daß der Arbeitsraum sauber, gut aufgeräumt und möglichst angenehm ist und daß die erforderlichen Materialien vor dem Eintreffen der Gruppe bereitliegen. Sorgen Sie auch für frische Luft und Raumtemperatur. Wichtig für die Arbeit sind weiterhin eine ruhige Atmosphäre und eine angenehme Beleuchtung. Die äußere Situation hat einen entscheidenden Einfluß auf die Atmosphäre, in der die Sitzungen stattfinden. Ordnen Sie Sessel, Stühle oder Kissen in einem Kreis an. Sie können den Raum mit Blumen oder anderen Dingen schmücken und Musik auflegen, um eine Stimmung, die Sie vermitteln wollen, zu unterstreichen. Lassen Sie erkennen, daß Ihnen der Raum ebenso wichtig ist wie das Wohlbefinden und die ästhetischen Bedürfnisse der Teilnehmer. Dem Raum, in dem Sie tanzen, sollte eine nährende Qualität eigen sein. Alle diese Vorbereitungen schaffen eine rituelle oder zeremonielle Atmosphäre.

Wichtig ist auch, daß in der Gruppe Vertrauen entsteht. Sobald die Arbeit begonnen hat, offenbaren sich die Teilnehmer durch Tänze, Zeichnungen und Geschichten und entwickeln dadurch Vertrauen zueinander. Falls aus irgendeinem Grunde ein Besucher oder ein neuer Teilnehmer zu einem bereits begonnenen Kurs hinzukommt, müssen Sie sich zuvor des Einverständnisses der Gruppe vergewissern. Menschen gewöhnen sich daran, in einem solchen Kurs eine bestimmte Situation anzutreffen, und durch einschneidende Veränderungen wie das Hinzukommen oder Fernbleiben eines Teilnehmers werden sie oft aus dem Konzept gebracht. Bleibt jemand einer Sitzung fern, sollten Sie den Betreffenden anrufen, um festzustellen, wie es ihm geht, und dann den anderen darüber berichten. Es ist ungeheuer wichtig, den Sicherheitsbedürfnissen der Kursteilnehmer gerecht zu werden. Dies ermöglicht eine größere Freiheit im Ausdruck intimer und oft sehr schmerzhafter Dinge. Manchmal werden Sie am Ende eines Kurses eine einfache

Demonstration der Arbeit oder eine offene Sitzung durchführen wollen. Bei derartigen Anlässen können Sie die vorangegangene Arbeit den Familien und Freunden der Gruppenmitglieder vorstellen. Solch ein Termin kann für die Teilnehmer ein Ansporn sein und stärkt ihr Bewußtsein dessen, daß der Kurs von besonderem Wert ist. Voraussetzung ist allerdings, daß die Gruppe sich dazu bereiterklärt.

DIE BEDEUTUNG VON ASSISTENTEN

Bei dieser Arbeit sind Helfer sehr nützlich. Gewöhnlich haben alle Kursteilnehmer äußerst schmerzhafte Erfahrungen gemacht, und ihre Bedürfnisse sind anspruchsvoll. Deshalb ist es wichtig, für ausreichende Unterstützung zu sorgen. Ein Assistent kann eine Person sein, die die Arbeit gut kennt oder besondere Fähigkeiten in expressiver Kunst und Bewegungsarbeit besitzt. Es können auch ehemalige Kursteilnehmer als Assistenten mitarbeiten, wenn sie ihre Kenntnisse auffrischen möchten.

Einen Assistenten zu haben ist ungeheuer wichtig. Das folgende Beispiel zeigt warum: Während einer Sitzung schienen alle Teilnehmer sich in einer ähnlichen Stimmung zu befinden – mit Ausnahme einer Frau. Als sie uns ihre ständigen unerträglichen Schmerzen beschrieb, brach sie schluchzend zusammen. In diesem Augenblick konnte sich meine Assistentin um sie kümmern. Sie nahm die Frau in den Arm, tröstete sie und führte mit ihr entspannende Bewegungsübungen durch. Dies war nicht das Bedürfnis der Gruppe, sondern das, was diese Frau brauchte. Wenn wir uns um die spezifischen Bedürfnisse aller Gruppenteilnehmer kümmern können, fühlt sich jeder in der Gruppe unterstützt. Am Ende der Sitzung war die Frau in der Lage, wieder in die Gruppe zurückzukehren. Sie sagte, sie habe nur die Möglichkeit gebraucht, weinen zu können und festgehalten zu werden, und nach den Entspannungsübungen habe sie sich viel besser gefühlt. Die ganze Gruppe hatte Verständnis für ihr Verhalten und empfand es als positiv, daß sich jemand um sie gekümmert hatte. Alle hatten bekommen, was sie brauchten.

Manchmal kümmern sich Assistenten um einzelne, die diese individuelle Zuwendung benötigen. Sie können auch helfen, technische und logistische Aufgaben zu bewältigen, die sich im Laufe einer Sitzung ergeben, so daß der Lehrer sich

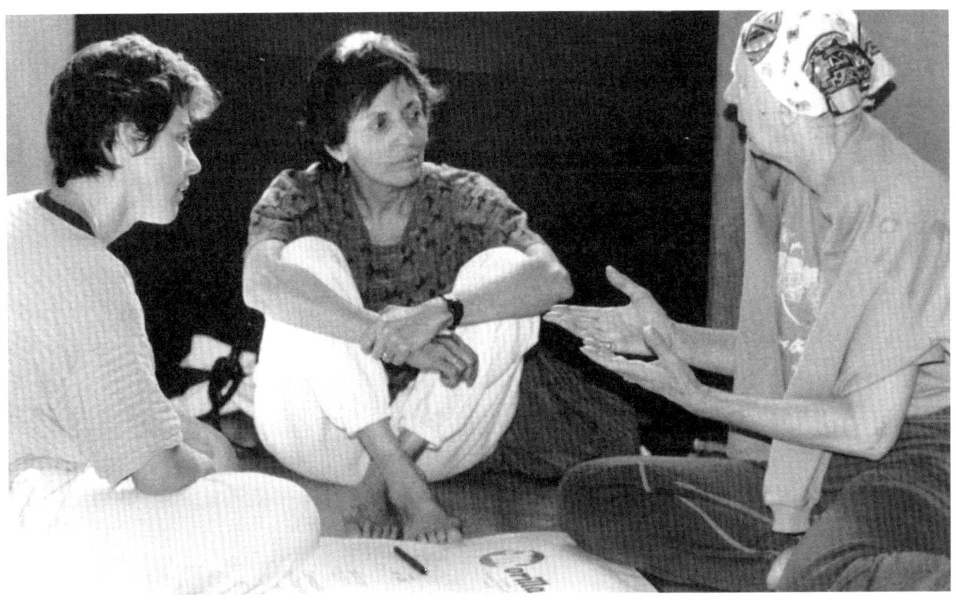

Lauschen Sie nicht nur den Worten, sondern auch dem Ton hinter den Worten, und beobachten Sie die Körpersprache.

auf den Fluß der Arbeit konzentrieren kann. In einer solchen Situation zu lehren erfordert eine starke Präsenz. Man muß sich der Reaktionen der Teilnehmer bewußt sein und wirksam reagieren, indem man Veränderungen herbeiführt oder neuartige Ideen entwickelt. Manchmal übersehen Lehrer auch Dinge, die ein Assistent bemerkt. Die Beziehung zwischen Lehrer und Assistent sollte in jedem Fall kooperativ sein.

SCHAFFEN EINES RITUELLEN RAUMS

Rituale und Zeremonien können bei dieser Arbeit eine Bereicherung sein. Sie können sie bei allem, was Sie tun, einbeziehen. Sie brauchen keine traditionellen Rituale anderer Kulturen zu borgen oder zu imitieren und müssen auch nicht nach esoterischen Quellen Ausschau halten. Achten Sie vielmehr auf potentielle Rituale in Ihrem Alltagsleben. Ich bezeichne dies als Ritualbewußtsein. Dabei wechselt das Bewußtsein von einer automatischen, gewohnheitsmäßigen Lebensweise zu einem aktiven Gewahrsein und nutzt den Tanz zu Heilungszwecken. Rituale und Zeremonien können überall und zu jeder Zeit stattfinden. Tänze, die unser Leben transformieren, sind in meinem Sinne Rituale. Auf den folgenden Seiten werden Sie mehr über rituelle Tänze lesen.

Rituale entstehen, wenn Sie den Objekten unseres Alltagslebens eine neue Bedeutung geben. Dafür möchte ich ein Beispiel anführen. Am letzten Tag eines Kurses, wenn die Gruppe auseinandergeht, können Sie alle Teilnehmer bitten, einen Stein mitzubringen, der in die Handfläche paßt. Zum Abschluß können Sie die Anwesenden auffordern, die Steine herumzureichen, so daß jeder mit jedem Stein in Berührung kommt und dabei ein persönliches Gebet für den Besitzer des Steins spricht. Wenn die Teilnehmer ihre Steine mit nach Hause nehmen, verbinden sie damit die Erinnerung an die Gebete der anderen Kursteilnehmer. Steht ein Gruppenmitglied kurz vor einem Krankenhausaufenthalt, kann die Gruppe einen Stein oder irgendein anderes Objekt fokussieren, es mit persönlichen Gebeten aufladen und es dem Betreffenden als Kraftspender und Glücksbringer mit ins Krankenhaus geben. Bei einer anderen Zeremonie werfen Sie Steine auf den Boden und lassen die Gruppenmitglieder im entstandenen Muster die symbolische

Bedeutung »lesen«. Die Interpretationen der einzelnen beziehen sich auf ihre persönliche Geschichte und zeigen die einzigartige Sichtweise der Betreffenden.

Elemente, die in jedem Kurs eine Rolle spielen

Beim Check-in zu Beginn jeder Sitzung hören alle Teilnehmer einander zu. Dr. Rachel Remen erzählt in ihrem wunderschönen Buch *Kitchen Table Wisdom* (»Die Weisheit des Küchentischs«) eine Geschichte mit dem Titel »Hör einfach zu«. Sie schreibt darin: »Ich habe gelernt, auf einen Menschen, der weint, zu reagieren, indem ich ihm einfach zuhöre. Früher habe ich in solchen Situationen nach Papiertaschentüchern gesucht, bis mir klar wurde, daß man den Weinenden damit zum Verstummen bringt. Man reißt ihn aus dem Erleben der Traurigkeit und des Kummers. Nun höre ich einfach zu. Wenn er sich ausgeweint hat, merkt er, daß ich bei ihm bin.« Später fügt die Autorin hinzu: »Ein liebevolles Schweigen vermag oft besser zu heilen und zu verbinden als die wohlmeinendsten Worte.«

Es folgt eine Liste von Möglichkeiten, zuzuhören und Mitgefühl zum Ausdruck zu bringen:

- Beobachten Sie die Körpersprache.
- Geben Sie keine guten Ratschläge.
- Fällen Sie keine Urteile, sondern akzeptieren Sie einfach, was der Betreffende sagt.
- Schenken Sie dem Gegenüber Ihre volle Aufmerksamkeit.
- Vermeiden Sie es, den anderen zu unterbrechen und Ihre eigene Geschichte zu erzählen. Dies lenkt ab.
- Verstärken Sie das Zuhören, indem Sie bestätigen, was Sie hören.

Carl Rogers, der Vater des aktiven Zuhörens und der Patienten-Klienten-Theorie, hat viel über diesen Ansatz geschrieben. Sie werden noch mehr Möglichkeiten entdecken, wenn Sie anfangen, dies zu üben. Und bedenken Sie: Wenn Sie Krebs haben, so verändert dies Ihren Kontakt zu anderen Menschen. Viele, die sich in dieser Situation befinden, wollen ihren Freunden und ihrer Familie nicht zur Last fallen und verstecken sich deshalb hinter einem falschen Lächeln und einer Maske der Tapferkeit. Sitzen sie dagegen mit anderen, die sich in der gleichen Situation befinden, in einem Kreis, können sie über ihr Leben sprechen, ohne ausführliche Erklärungen zu geben und die übrigen Anwesenden vor ihrem Leiden schützen zu müssen.

Beim Check-in müssen Sie als Lehrer für eine Offenheit sorgen, die es den Teilnehmern ermöglicht, das Zuhören und Sichmitteilen zu üben. Geben Sie allen Gruppenmitgliedern die Gelegenheit, ihre Geschichte vollständig zu erzählen. Weisen Sie darauf hin, daß es oft mehr sagt als gewöhnliche Worte, wenn jemand sich in Form von Bewegungen, Zeichnungen, Gedichten, Geschichten, Träumen oder Einsichten ausdrückt.

Wenn eine Gruppe sich an das Check-in am Anfang jeder gemeinsamen Sitzung gewöhnt hat, sehen die Mitglieder dieser Situation meist mit Freude entgegen und überlegen sich, auf welche Art sie mitteilen können, was sie bewegt. Indem sie ihre Geschichten erzählen, öffnen sie sich, und es entsteht eine Verbindung, die im weiteren Verlauf der Arbeit vertieft wird. Dadurch entstehen Vertrauen und Intimität, und die emotionalen Bedürfnisse können auf eine kreativere und offenere Weise zum Ausdruck gebracht werden.

Das Check-in liefert dem Gruppenleiter außerdem Anhaltspunkte, wie er dem einzelnen gerecht werden kann und welches Material er bei der Gruppe am besten einsetzt. Ich hatte einmal beabsichtigt, mit Up-beat-Bewegungen zu arbeiten, die ein gewisses körperliches Durchhaltevermögen erforderten. Nach dem Check-in war mir klar, daß mein Plan für die betreffende Sitzung ungeeignet war, weil alle Anwesenden sich müde und erschöpft fühlten. Deshalb änderte ich mein Vorhaben und bot Entspannungsübungen an, bis sich die Teilnehmer bereit fühlten, zu aktiveren Bewegungen überzugehen.

Nach dem Check-in sollten Sie eine Übung folgen lassen, die das sensorische Gewahrsein anspricht. Auf diese Weise führen Sie die Teilnehmer aus dem Reich des Zuhörens (außen) in das Reich des Empfindens (innen). Die Kultivierung des sensorischen Gewahrseins ist der erste Schritt auf dem Weg zurück in den eigenen Körper. Zugleich lernen die Teilnehmer eine neue Wertschätzung ihrer Bewegungen, ihres Körpers und ihres Tanzes. Zwei grundlegende Empfindungen des Menschen sind *Atem* und *Puls*. Wie Sie beim Lesen der Arbeitspläne feststellen

Die Freude des spontanen Ausdrucks.

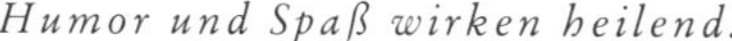

Humor und Spaß wirken heilend.

werden, gibt es unendliche Möglichkeiten, auf diese beiden Grundprinzipien in der Bewegung zu reagieren.

Auf die Aktivierung des sensorischen Gewahrseins folgt die Arbeit an den Bewegungsressourcen. Die Bewegungen, die Sie erforschen, sollten die Ressourcen für das Thema der Sitzung bilden und den Teilnehmern das Material liefern, aus dem sie ihre Tänze entwickeln. Wenn als Thema beispielsweise die Konfrontation mit unseren Dämonen gewählt wird, sollten Sie die Teilnehmer zu bestimmten aggressiven, starken und machtvollen Bewegungen anleiten. Wenn das Thema Gebet ist, sollten die Bewegungen sich auf dieses Thema beziehen. Sie müssen in der Lage sein, ein grundlegendes Spektrum von Ressourcen zu vermitteln, ohne jedoch präzise Vorschriften zur Struktur einer Bewegung oder der Art, wie sie eingesetzt werden soll, zu machen. Obwohl die Bewegungen formal nicht festgelegt sein sollten, müssen sie doch so präzise sein, daß sie Gefühle und Emotionen hervorrufen, die dem Thema angemessen sind. So erzeugen intensive Stampfbewegungen ebensowenig beruhigende oder sanfte Gefühle, wie sanft fließende, verhaltene Bewegungen Gefühle der Wut oder Entschlossenheit hervorrufen. Dies zu bedenken ist bei der Strukturierung einer Sitzung wichtig. Es geht um Ausdruck und um die Übereinstimmung von Emotionen und Bewegungen.

Die Sitzung erreicht ihren Höhepunkt, wenn alle Gruppenmitglieder ihren eigenen Tanz entwickeln. Ein Thema ist gewählt und erforscht worden, und die Teilnehmer haben mit Hilfe von Übungen zur Stärkung des sensorischen Gewahrseins eine intensivere Verbindung zu ihrem Körper hergestellt und außerdem mit dem Thema zusammenhängende Bewegungsformen gesammelt. Nun erhalten sie Gelegenheit, ihre persönlichen Reaktionen zum Ausdruck zu bringen. Ein solcher Tanz dauert zwischen einer und zehn Minuten und kann das Vortragen eines Gedichts, einer Erzählung oder von Musik einschließen. Die Teilnehmer schreiben und zeichnen entweder vor oder nach ihrem Tanz, um den Erkenntnissen und Einsichten, die ihnen während des Tanzes gekommen sind, Ausdruck zu verleihen. Assoziationen zwischen den Tänzen sowie deren Verbindung zu unserem Heilungsprozeß und unserem Leben werden danach in einem Gruppengespräch ausgetauscht. Die Gruppenmitglieder nehmen das, was sie getanzt haben, in ihr Alltagsleben mit, und in der folgenden Sitzung berichten sie oft darüber, wie sie das in der Gruppensitzung Geschehene haben nutzen können.

Beim Check-out am Ende jeder Sitzung können die Teilnehmer mitteilen, ob sie sich bereit fühlen, die Gruppenarbeit zu beenden, oder ob noch irgend etwas behandelt werden muß. Manchmal berichten sie in dieser Runde über Traurigkeit und Schmerz, doch ebenso häufig von ihrer Zufriedenheit und dem Gefühl, Kraft gewonnen zu haben. Manchmal hat der Gruppenleiter das Gefühl, daß jemand sich in einem Zustand der Stagnation befindet und Hilfe benötigt, um tiefer in die eigenen Gefühle eintauchen zu können. In solchen Fällen sollte man dem Betreffenden mehr Zeit widmen, wobei die Gefühle und Inhalte so zu spiegeln sind, daß die Probleme auf einer tieferen Ebene aufgelöst werden. Dies kann auch in Form von Bewegungen geschehen.

Wenn es beim Check-out eine oder mehrere Personen gibt, die besonders große Schwierigkeiten haben, können Sie die Betreffenden auffordern, sich in die Mitte des Kreises zu stellen, um die Liebe, die Zuwendung und den Segen der anderen zu empfangen. Dies kann auf folgende Weise geschehen: Alle gruppieren sich um die Person, die im Zentrum sitzt oder steht. Atmen Sie den Atem des Lebens in Ihre zu Schalen geformten Hände, richten Sie die Handflächen auf die Person im Zentrum, und stellen Sie sich vor, daß von Ihren Händen heilendes Licht oder heilende Farbe ausgeht und die Person im Zentrum darin badet. Sehen Sie diese Person vor Ihrem geistigen Auge als vital und gesund. Ein oder zwei Teilnehmer aus dem Kreis können langsam auf die Person in der Mitte zugehen und sanft die Hände auf ihren Körper legen. Weitere können sich anschließen. Außerdem können sie gemeinsam Summen, etwas sagen oder die Person in der Mitte sanft streicheln. Nehmen Sie die Empfängerin der Zuwendung wieder in den Kreis auf. Alle Teilnehmer heben ihre Handflächen über den Kopf. Drehen Sie die Hände über dem Kopf schalenförmig zusammen, und bewegen Sie sie anschließend vor Ihren Körper. Atmen Sie ein, und lassen Sie einen Laut ertönen, während Ihre Hände in die Luft emporschnellen.

ZUSAMMENFASSUNG

Jede Gruppensitzung umfaßt folgende Elemente:

Check-in: Werden Sie sich der Stimmung der Teilnehmer und der Gruppe bewußt.

Sensorisches Gewahrsein: Helfen Sie den Teilnehmern, in ihrem Körper heimisch zu werden.
Bewegungsressourcen: Stellen Sie eine Bewegungsqualität vor, und lassen Sie dieselbe von den Teilnehmerinnen erforschen.
Pause: Geben Sie den Teilnehmern Gelegenheit, das Material zu integrieren, bevor Sie etwas Neues vorstellen.
Kreieren eines Tanzes: Halten Sie die Teilnehmer dazu an, das vorgestellte Material auf ihre eigene Weise zum Ausdruck zu bringen.
Schreiben, Zeichnen, Austausch: Lassen Sie die Teilnehmer Verbindungen zu ihrem eigenen Leben herstellen.
Check-out: Kommen Sie zum Abschluß.

Die folgenden Kapitel enthalten genauere Informationen darüber, wie die kreative Bewegung auf die Arbeit mit Menschen, die mit Krebs leben, angewandt werden kann. Ich habe zu diesem Zweck Themen ausgewählt, die ich für wichtig halte; doch ist die Liste nicht absolut verbindlich. Ich habe das Material so aufbereitet, daß Sie die Struktur jeder Arbeitssitzung erkennen können. Ich möchte Sie noch einmal ermutigen, das Vorgestellte als Anregung für Ihre eigene Arbeit zu verstehen. Bleiben Sie in Ihrer Gruppenarbeit kreativ, und berücksichtigen Sie immer, welche Menschen Sie in Ihren Kursen vor sich haben. Die Teilnehmer werden Ihnen mitteilen, was sie brauchen und wie Sie die Arbeit mit ihnen fortsetzen sollten.

Am Ende dieses Kapitels möchte ich Ihnen eine Empfehlung geben, wie Sie dieses Handbuch am besten nutzen sollten. Ich nehme an, daß die meisten Leser in helfenden Berufen arbeiten. Vermutlich fühlen Sie sich gelegentlich ausgebrannt, weil Sie ständig anderen etwas geben müssen. Zur Abwechslung können Sie nun einmal die Rolle Tauschen und für sich selbst als Helfer fungieren. Lesen Sie jeweils ein Kapitel dieses Buches oder auch nur eine einzige Übung, und führen Sie diese dann selbst aus. Erleben Sie, was dabei in Ihnen auftaucht; denken Sie darüber nach, und nehmen Sie es als Nahrung für sich selbst auf. Sie können sich jederzeit erneut mit dem Material beschäftigen und es auf seine praktische Anwendbarkeit hin untersuchen. Aber verschieben Sie dies nicht auf später. Beginnen Sie jetzt. Unterlassen Sie den Versuch, das nächste Kapitel vor dem morgigen Tag zu lesen.

ARBEITSPLÄNE

1. Sitzung: Der Körper als Heiler

»Die Fähigkeit eines Menschen, sich zu bewegen, ist wahrscheinlich wichtiger für das Selbstbild des Betreffenden als irgend etwas anderes.«

MOSHÉ FELDENKRAIS, *Bewußtheit durch Bewegung*

Viele Menschen, die schwer krank sind, betrachten ihren Körper mit Scham und Mißtrauen und haben das Gefühl, von ihm verraten worden zu sein. Oft versuchen sie diesen Gefühlen zu entfliehen und machen sich völlig von äußerer Hilfe abhängig, um ihrem Schmerz zu entkommen. Aus meiner persönlichen Erfahrung mit Krebs weiß ich, daß der Körper über ein erstaunliches Maß an intuitivem Wissen und Verstehen verfügt, das nur wir selbst erschließen können. Deshalb schwächt die Abhängigkeit von anderen unseren Lebenswillen und unsere Überlebensfähigkeit. Unser Körper hat sich über viele Millionen von Jahren entwickelt und in dieser langen Zeit Weisheit gesammelt. Versuchen Sie einmal, sich dieses Potential zu vergegenwärtigen. Es ist unser Erbe. Alles, was wir sind und was wir werden konnten, ist in unserem Körper angelegt. Verstand, Herz, Seele und Geist bilden unseren Körper; sie sind nicht von diesem getrennt. Die Heilfähigkeit unseres integrierten Körpers ist unbegrenzt, doch müssen wir uns ihm wieder zuwenden, um diese wertvolle Weisheit zu erschließen. Weglaufen hilft uns in keinem Fall.

Das erste Zusammentreffen der Gruppe soll den Teilnehmern helfen, wieder in ihrem Körper heimisch zu werden und die Reise in die unendlichen Mysterien des Körpers anzutreten. Eine kreative Umgebung entsteht nur, wenn die einzelnen Vertrauen und Sicherheit empfinden und sich wohl fühlen. Der Leiter der Gruppe und seine Assistenten müssen in der ersten Sitzung Rapport zur Gruppe herstellen, und die Gruppenmitglieder müssen einen vertrauten Umgang miteinander entwickeln. Dies ist der Tag, an dem die Beziehungen zueinander, zur Umgebung und zur Arbeit selbst beginnen. Deshalb ist es wichtig, die erste Zusammenkunft der Gruppe sehr gut vorzubereiten. Führen Sie vor dem ersten Treffen der Gruppe unbedingt mit allen Teilnehmern ein Gespräch, um über die spezielle Situation der einzelnen informiert zu sein.

CHECK-IN

Fordern Sie in der ersten Sitzung alle Teilnehmer auf, über ihre Krankheit zu sprechen und darüber, was sie sich von der Teilnahme an dieser Gruppe versprechen. Alle sitzen in einem Kreis und erzählen so viel oder so wenig von sich, wie sie wollen. Wenn wir unsere Geschichten erzählen und unsere Gefühle offenlegen, ohne uns Sorgen darüber zu machen, daß wir für unsere Familie und unsere Freunde eine Last sind, ist das bereits eine große Hilfe. An diesem Punkt beginnt die Fürsorge der Gruppe. Der Lehrer gibt ein anschauliches Beispiel, indem er nicht nur seine Intention im Unterricht vermittelt, sondern auch seine Gefühle zum Ausdruck bringt oder von Situationen aus seinem Leben erzählt, in denen sich das Phänomen der Heilung manifestiert hat. Fassen Sie sich kurz, und seien Sie ehrlich und offen. Geben Sie einen kurzen Überblick über die Grundzüge der Arbeit, um lange Diskussionen zu vermeiden.

Im weiteren Verlauf der Arbeit können Sie Varianten des Check-in einführen. Beispielsweise können Gruppenmitglieder das Check-in mit einem Partner durchführen, und der Partner berichtet dann der ganzen Gruppe. Oder die Teilnehmer vollziehen das Check-in mit einfachen Sätzen, Gesten oder Bildern, die ihre Erfahrung im betreffenden Augenblick spiegeln. Verfolgen Sie aufmerksam die Atmosphäre im Raum und das Verhalten der einzelnen. Nutzen Sie Anhaltspunkte zur Strukturierung des Check-in und der übrigen Arbeit. In der ersten Sitzung sollen die Teilnehmer die expressiven und kreativen Eigenschaften von Bewegungen kennenlernen und in einen Prozeß der Selbstentdeckung eintreten, der über die häufig geübte Praxis der »Imitation des Lehrers« hinausgeht. Durch die folgenden Bewegungsübungen werden diese Richtlinien als Möglichkeiten des Wahrnehmens und Erfahrens von Bewegung veranschaulicht.

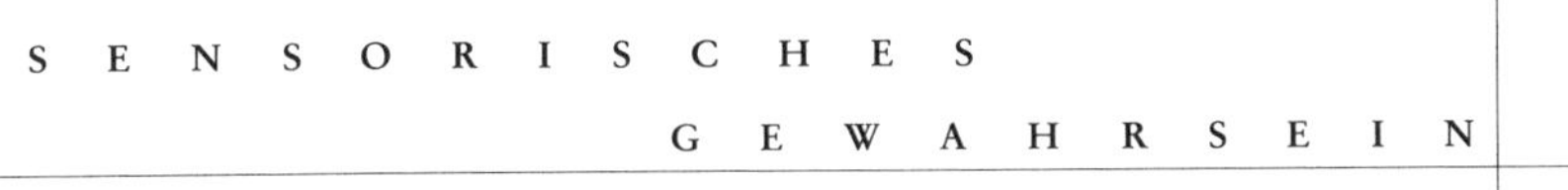

SENSORISCHES GEWAHRSEIN

1. Suchen Sie sich im Raum einen Platz zum Stehen. Stellen Sie die Füße parallel und in schulterbreitem Abstand. Schließen Sie die Augen. Dabei wird Ihr Gewahrsein Ihrer inneren Empfindungen intensiviert.

2. Achten Sie auf die Ausrichtung Ihres Körpers. Spüren Sie, daß eine gerade Linie vom Zentrum Ihres Kopfes durch die Wirbelsäule, den Damm und nach einem Sprung in die Hüftgelenke weiter durch die Oberschenkel, die Knie, die Fußknöchel und das Zentrum Ihrer Füße in den Boden verläuft. Richten Sie Kopf, Schultern, Rippen, Hüften und Beine an dieser zentralen Linie der Schwerkraft aus, und spüren Sie Ihr Gleichgewicht.
3. Stellen Sie sich vor, daß Ihr Körper sich auflöst. Lassen Sie zunächst den Kopf langsam nach vorn fallen. Entspannen Sie Ihre Wangen, Ihre Lippen und Ihre Zunge. Der Unterkiefer hängt locker. Stellen Sie sich vor, Sie würden durch den Hinterkopf bis an die Schädelbasis einatmen. Gleichzeitig lassen Sie die Brust zusammensinken.
4. Fahren Sie fort, sich aufzulösen. Die Schultern kippen nach vorn und geben der Schwerkraft nach, während sie der zentralen Linie nahe bleiben. Spüren Sie, wie sich Ihre Schulterblätter öffnen, während Sie nach vorn fallen. Lassen Sie Ihren Kopf die Führung übernehmen. Folgen Sie dem Gewicht der Schultern, der Arme und des Kopfes. Die Arme hängen nun vor Ihnen. Kopf, Oberarme, Unterarme und Hände werden immer schwerer. Lassen Sie jedes Ausatmen durch die Wirbelsäule abfließen.
5. Lassen Sie sich weiter nach vorn und nach unten fallen, und bleiben Sie dabei dicht an der zentralen Linie. Halten Sie die Handflächen auf der gleichen Höhe wie die Knie, und drücken Sie die unteren Rippen nach hinten. Atmen Sie durch alle Wirbel im Mittelrücken ein und aus.
6. Lassen Sie sich weiter fallen, und beginnen Sie, die Knie zu beugen, bis diese sich auf der gleichen Höhe wie die Ellbogen befinden. Atmen Sie nun in den Unterrücken. Ihre Hände berühren den Boden. Atmen Sie ein, und entspannen Sie sich beim Ausatmen. Werden Sie sich der Empfindungen Ihres Körpers bewußt.
7. Kehren Sie die bisher beschriebene Bewegung langsam um, und erheben Sie sich wieder. Drücken Sie die Beine und Füße in die Erde, atmen Sie tief, und richten Sie den Unterrücken ganz allmählich auf. Atmen Sie anschließend in den Mittelrücken, dann in die Schultern und schließlich in den oberen Teil des Kopfes. Spüren Sie, wie Sie sich aufrichten und leichter werden.

8. Wiederholen Sie die Bewegungsfolge, wobei Sie sich diesmal auf die Empfindungen konzentrieren, die an der Vorderseite Ihres Körpers auftauchen, statt auf diejenigen der Wirbelsäule und des Rückens.
9. Wiederholen Sie die Bewegungen ein drittes Mal, und konzentrieren Sie sich diesmal auf die seitlichen Körperbereiche.
10. Fokussieren Sie bei der vierten Wiederholung den gesamten Körper, und spüren Sie die Verbindungen zwischen den einzelnen Bereichen.
11. Wiederholen Sie die Bewegungsfolge ein letztes Mal, und lösen Sie diesmal den gesamten Körper in den Boden auf. Beenden Sie die Übung in Rückenlage auf dem Boden liegend.
12. Stoßen Sie einen tiefen Seufzer aus, und entspannen Sie sich.

Teilnehmer, die es als zu anstrengend empfinden, die obige Übung im Stehen auszuführen, können dies auch im Sitzen tun. Eine weitere Möglichkeit ist, das Loslassen und Wiederaufstehen nur einmal durchzuführen und die übrigen Teile der Übung für eine spätere Zusammenkunft der Gruppe aufzusparen. Der wichtigste Aspekt dieser Übung ist, daß die Teilnehmer ihre Aufmerksamkeit auf die Empfindungen richten, die in ihrem Körper auftreten, während sie sich bewegen. Seien Sie präzise. Fokussieren Sie auf jeden einzelnen Wirbel, und spüren Sie das Gefühl der Erweiterung und Entspannung durch den Atem.

ATEMGEWAHRSEIN

Alle Bewegungen dieses Kurses sind aus den beiden grundlegenden Bewegungen des Lebens hergeleitet: dem Atem oder dem Puls. Zunächst werden wir unser Atemgewahrsein stärken. Bei einer Atemmeditation wird die Aufmerksamkeit von der äußeren Umgebung auf die Landschaft im Inneren Ihres Körpers verlagert, um die körperlichen Empfindungen und Gefühle bewußt zu machen. Atmen kann eine Form von Meditation sein. Ist der Geist von Gedanken, die auf Äußeres gerichtet sind, befreit, tritt er in einen reinen Zustand des Gewahrseins. Dadurch verändern wir unsere Gehirnwellenmuster und werden empfänglicher und ruhiger.

Das Wesen des Atems manifestiert sich in vier Phasen: dem Einatmen; einer Pause am Höhepunkt des Einatmens; dem Ausatmen; einer Pause und Leere beim vollständigen Ausatmen. Verweilen Sie in dieser Leere, bis das Einatmen von selbst wieder einsetzt. Stellen Sie sich Ihren Atem als Meereswelle vor. Das Emporsteigen der Welle gleicht dem Einatmen, worauf ein Höhepunkt und eine Pause folgt, bevor die Welle sich bricht und in das Meer fließt. Der Atem ist ein Teil des autonomen Systems unseres Körpers; er hat ein Eigenleben, so wie die Meereswellen von den Gezeiten angezogen, emporgehoben und wieder ins Meer zurückgeworfen werden.

1. Stellen Sie sich vor, Sie liegen auf warmem Sand, der die Form Ihres Körpers annimmt und Sie sanft stützt. Verweilen Sie in dieser Vorstellung.
2. Reiben Sie die Hände gegeneinander, um Ihre Handflächen zu wärmen. Legen Sie Ihre zu Schalen geformten Handflächen über die Augen, damit die Wärme im Körper gehalten wird und die Stimulation durch das Licht draußen bleibt.
3. Atmen Sie durch die Nase ein und durch den Mund aus. Wiederholen Sie dies mehrmals, bis Sie nicht mehr darüber nachzudenken brauchen. Entspannen Sie sich, und bewegen Sie sich langsam.
4. Massieren Sie Ihr Gesicht, indem Sie den Umrissen der Gesichtsknochen folgen. Experimentieren Sie mit unterschiedlichen Druckstärken von leicht bis stark. Erforschen Sie mit den Händen Gesicht und Ohren, und lösen Sie auf diese Weise Spannungen auf. Bewegen Sie die Hände auf der Schädeldecke, und lockern Sie die Haut in diesem Bereich.
5. Benutzen Sie die Hände wie Bildhauerwerkzeug, um Ihr Gesicht zu formen. Stellen Sie sich vor, daß Ihr Gesicht aus weichem Ton besteht und Ihre Hände einem feinen Werkzeug gleichen, mit dem Sie auf unterschiedliche Weisen formen können. Drücken, pressen und streichen Sie darüber.
6. Massieren Sie mit den Händen Ihren Nacken. Halten Sie den Kopf passiv und entspannt, und wiegen Sie ihn mit den Händen von einer Seite zur anderen.
7. Ruhen Sie sich aus. Stellen Sie sich vor, Ihre Hände wären Schmetterlingsflügel, die sanft über die Haut Ihres Gesichts und Ihres Halses streichen. Halten Sie inne, atmen Sie aus, und entspannen Sie sich.

8. Nehmen Sie die Hände vom Gesicht, und achten Sie darauf, wie sich Gesicht und Kopf anfühlen. Stellen Sie sich vor, daß sich die angenehmen Empfindungen, die Sie nun in Ihrem Gesicht spüren, über den ganzen Körper ausbreiten.
9. Lassen Sie die Handflächen auf Ihrem Brustkorb ruhen, und spüren Sie die Atembewegung unter Ihren Händen. Wenn Sie einatmen, hebt sich der Brustkorb, dehnt sich aus und füllt Ihre Hände. Wenn Sie ausatmen, sinkt er ein, und das Gewicht der Hände folgt ihm.
10. Trommeln Sie zum Rhythmus Ihres Herzschlags (kurz-lang, kurz-lang) leicht auf den oberen Teil Ihrer Brust; wiederholen Sie dies anschließend im Bereich des Brustbeins. Stellen Sie sich vor, daß dieses Klopfen für Ihren Körper ein Weckruf ist. Streichen Sie an den Schultern beginnend mit den Händen sanft über Ihre Brust, bis diese an den Seiten Ihres Brustkorbs zur Ruhe kommen.
11. Atmen Sie ein, und dehnen Sie sich aus; atmen Sie aus, und lassen Sie die Luft ausströmen. Stellen Sie sich die Bewegung wie die eines Akkordeons vor. Spüren Sie, wie der Brustkorb sich öffnet und sich in Ihre Hände drückt, wenn Sie einatmen, und wie er beim Ausatmen zurückweicht und sich entspannt. Die Hände helfen Ihnen, Ihre Aufmerksamkeit zu steuern.
12. Verweilen Sie in diesem Zustand der Ruhe, bis Ihr Atem sich von selbst wieder bewegt. Beobachten Sie dies mit Ihrem Zeugenbewußtsein.
13. Werden Sie sich des Rhythmus der vier Phasen Ihrer Atmung bewußt. Versuchen Sie, mit Ihrem ganzen Körper zu atmen. Lassen Sie den Atem vom Damm bis zum Brustkorb und wieder zurück fluten. Spüren Sie den Fluß Ihres Atems.
14. Senken Sie die Hände seitlich am Körper, wobei Ihre Handflächen nach oben zeigen, und achten Sie dabei auf die Empfindungen in Ihren Händen. Spüren Sie Hitze oder Prickeln?
15. Plazieren Sie Ihre Hände auf den Teil Ihres Körpers, der Ihre Aufmerksamkeit benötigt. Lassen Sie die Empfindungen von den Händen, die Ihren Lebensatem enthalten, tief in das Zentrum des berührten Körperteils fließen.
16. Führen Sie diese Berührung sanft aus. Nehmen Sie sich dazu so viel Zeit, wie Sie brauchen.

Nach dieser Übung, die 10 bis 30 Minuten erfordert, können Sie davon ausgehen, daß sich die Teilnehmer in einem Gewahrseinszustand befinden, der ihnen den nächsten Schritt ermöglicht. Aus der subtilen Bewegung des Atems werden größere Gesten und Bewegungen entwickelt. Sobald die Gruppe sich bewegt, können Sie eine passende Musik auflegen, um die improvisatorische Erforschung zu unterstützen. Erklären Sie den Teilnehmern, daß die Musik eine Ergänzung ihrer Bewegungen darstellt, also keine Richtschnur sein soll. Empfehlen Sie, die Bewegung vom Atem ausgehen zu lassen, während dieser sich im Brustkorb und Bauch bewegt. Wenn auf diese Anregung hin keine Reaktion erfolgt, können Sie nahelegen, nur mit den Händen zu »tanzen«. Dies wird das Eis schmelzen lassen und den Betreffenden helfen, mit der Bewegung zu beginnen.

Das Gewahrsein des Atems und der eigenen Bewegung kann eine tiefe Entspannung hervorrufen. Setzen Sie die Übung so lange wie notwendig fort. Sie kann als Ruhepause dienen, die von Sorgen und drückender Verantwortung entlastet, da sie den Körper als eine Oase der Freude statt des Schmerzes definiert. Da dies für einige Teilnehmer vermutlich ein völlig neuartiges Erlebnis ist, werden sie möglicherweise Zeit benötigen, um es zu integrieren. Es fällt ihnen unter Umständen schwer, zu einer anderen Aktivität überzugehen, weil sie an diesem Ort des Friedens und der Ruhe für immer verweilen möchten. Die beschriebene Atemübung soll uns helfen, unsere Aufmerksamkeit von der äußeren Umgebung in das Innere unseres Körpers zu verlagern: mit Hilfe des Atems in einen Prozeß des Gewahrseins körperlicher Empfindungen einzutreten. Der Geist wird hier zum Zeugen, statt daß er die Rolle eines Kontrolleurs einnimmt. Es ist sehr angenehm, an diesem Ort zu verweilen. Legen Sie nach der Übung eine Pause ein. Geben Sie den Teilnehmern die Möglichkeit, miteinander zu reden, zu schreiben, zu zeichnen, einen Spaziergang im Freien zu machen oder ein wenig zu essen. Sie brauchen ungefähr zehn Minuten Zeit, um die vorangegangenen Aktivitäten zu verarbeiten und diese Information in ihrem Körper zu integrieren.

DER PULS

Wenn die Gruppe sich wieder versammelt, sollten Sie zu einer Bewegung wechseln, die im Gegensatz zum Atem steht: dem Puls. Legen Sie zum Abschluß der Pause eine fröhliche, kraftvolle Musik auf. Dadurch entsteht eine lebhafte Atmosphäre. Bringen Sie die Teilnehmer wortlos dazu, einen Kreis zu bilden und einander an den Händen zu halten.

1. Der Leiter beginnt spontan mit einer pulsierenden Bewegung und fordert die Gruppe nonverbal auf, sich ihr anzuschließen. [Die folgenden Anweisungen sind an die Gruppenmitglieder gerichtet]
2. Dabei stehen Sie fest auf den Füßen, entspannen den Körper und beginnen mit der pulsierenden Bewegung, indem Sie hüpfen und die Nachwirkung dieses Hüpfens auf den gesamten Körper übergreifen lassen.
3. Sorgen Sie dafür, daß Ihre Knie sich direkt über den Füßen befinden, ohne daß sie nach innen oder außen gedreht sind.
4. Spreizen Sie die Zehen, und verteilen Sie das Gewicht Ihres Körpers gleichmäßig auf beide Fußsohlen. Halten Sie einen guten Kontakt zum Boden.
5. Überprüfen Sie die Haltung Ihrer Wirbelsäule. Bei den meisten Menschen bildet sie eine S-Form, wobei sich im Lendenbereich und am Hals jeweils eine leichte Kurve befindet. Spüren Sie, wie sich die Hüpfbewegung vom Boden durch die ganze Wirbelsäule bis zur Schädeldecke fortsetzt.
6. Leiten Sie immer wieder Spannungen aus Ihrem Körper, so daß die Kraft des Pulses spontan Schultern und Nacken in Bewegung versetzt und sich durch die Wirbel ungehindert ausbreitet.
7. Experimentieren Sie, indem Sie dem Puls verschiedene Geschwindigkeiten geben. Verdoppeln und verdreifachen Sie ihn, oder halbieren Sie das Tempo.
8. Die Teilnehmer improvisieren und erfinden zum Schluß eigene Varianten. Lassen Sie einen Teilnehmer die Führung übernehmen, bis jemand anders in der Runde eine Variante findet, die übrigen diese aufgreifen und gemeinsam ausführen.
9. Ruhen Sie sich aus.

GEHEN
– eine Verbindung zwischen Herzschlag und Bewegung herstellen

1. Suchen Sie Ihren Puls am Handgelenk oder Hals. Wenn Sie ihn gefunden haben, verlassen Sie den Kreis und gehen im Tempo Ihres Herzschlags. Gehen Sie so lange weiter, bis alle Gruppenmitglieder ohne zu sprechen einen gemeinsamen Puls entdecken.
2. Stimmen Sie Ihre Gehgeschwindigkeit auf einen anderen ab. Gehen Sie eine Zeitlang gemeinsam.
3. Wenden Sie sich einem anderen Teilnehmer zu.
4. Dies wird so lange wiederholt, bis jeder mit jedem eine Weile gemeinsam gegangen ist.

Wenn man lebende Zellen in verschiedene Petrischalen gibt, pulsieren sie in verschiedenen Rhythmen. Sobald man sie aber in die gleiche Schale gibt, pulsieren sie gemeinsam. Genau dies geschieht, wenn wir uns gemeinsam mit anderen bewegen.

Es folgt noch ein weiteres Beispiel dafür, wie der Puls als Energiegeber benutzt werden kann:

1. Suchen Sie Ihren Puls entweder am Handgelenk oder an der Halsschlagader.
2. Passen Sie Geschwindigkeit und Rhythmus Ihrer Bewegungen der Pulsgeschwindigkeit an.
3. Klopfen Sie sich mit den Händen sanft vom Kopf bis zu den Zehen ab.
4. Klopfen Sie einem Partner sanft auf Rücken, Beine, Schultern, Hände, Füße usw.
5. Halten Sie inne, und werden Sie sich der Empfindungen in Ihrem Körper bewußt.
6. Danach richten Sie ohne Partner die Aufmerksamkeit auf Ihre eigene Haltung.
7. Achten Sie darauf, daß das Gewicht Ihres Körpers in den Füßen konzentriert ist.
8. Verlagern Sie Ihr Körpergewicht zunächst auf die Fußballen, dann auf die Fersen und schließlich von einer Seite der Füße auf die andere.
9. Spüren Sie, daß das gesamte Gewicht Ihres Körper gleichmäßig auf die Füße verteilt ist.

10. Vergegenwärtigen Sie sich Ihre Körperhaltung vom Kopf bis zu den Zehen.
11. Suchen Sie eine vertikale Ausrichtung, wobei jeder Teil des Körpers über einem anderen balanciert. Das Becken balanciert auf den Beinen, die Rippen balancieren auf dem Becken, die Schultern balancieren über den Rippen, und der Kopf balanciert auf dem obersten Punkt der Wirbelsäule.
12. Nehmen Sie am Handgelenk oder an der Halsschlagader wieder den Puls. Achten Sie auf Rhythmus und Geschwindigkeit. Initiieren Sie im ganzen Körper eine pulsierende Bewegung.
13. Lockern Sie die Knie, und fangen Sie an zu hüpfen. Dabei lassen Sie das Hüpfen der Knie durch alle Gelenke und bis in die einzelnen Wirbel der Wirbelsäule vibrieren.
14. Lockern Sie den Hals, und reflektieren Sie den Puls mit Ihrem Kopf durch eine leichte Schüttelbewegung.
15. Legen Sie die Hände vor sich, und lassen Sie sie ohne jedes Eingreifen zu schütteln anfangen.
16. Ermöglichen Sie das gleiche Phänomen in anderen Teilen Ihres Körpers. Das pulsierende Hüpfen erzeugt auch in anderen Bereichen Ihres Körpers Bewegung.

Während Sie kraftvoll pulsieren und hüpfen, werden in Ihrem Körper spontan andere Bewegungen auftreten. Beispielsweise werden die Schultern sich aufwärts und abwärts bewegen, je stärker das Hüpfen wird. Lassen Sie diese Bewegungen zu, und beobachten Sie, wie Ihr Geist anfängt, dieselben zu bezeugen. Wenn das Pulsieren und Hüpfen zu einer mühelosen Aktivität geworden ist, können Sie mit kräftigeren oder kleineren, leicht auszuführenden Bewegungen experimentieren. Befreien Sie Ihre Energie, und lassen Sie sich beim Tanz von Ihren eigenen Reaktionen leiten. Hierbei wirkt eine stark rhythmische Musik anregend. Die Musik gibt Ihnen mehr Energie, was Ihre Freude an der eigenen Aktivität und Ihre Motivation verstärkt. Diese Übung kann auch im Sitzen ausgeführt werden, wenn ein Teilnehmer das Stehen als zu anstrengend empfindet.

Die beschriebenen Pulsübungen können viel Spaß machen und geben den Gruppenmitgliedern die Möglichkeit, einander kennenzulernen. Um die Teilnehmer nicht zu sehr zu erschöpfen, sollten Sie vor allem während der ersten Sitzungen mit sehr kraftvollen Übungen vorsichtig sein. Wieviel Sie einer Gruppe

Tanzen des Selbstporträts

Tanzen des Selbstporträts

»Ich bin ein wirbelnder Fluß.«

zumuten können, finden Sie heraus, indem Sie die Teilnehmer bei der Ausführung einer Übung beobachten.

SELBSTPORTRÄTS

Der Zweck dieser Übungsserie ist, die Gruppenmitglieder durch Bewegung und Tanz in tieferen Kontakt zu ihrer persönlichen Lebenserfahrung zu bringen und ihnen zu helfen, lebensbestärkende Reaktionen von selbstzerstörerischen zu unterscheiden. Die Selbstporträtübung leitet die Suche nach persönlichen Mythen ein, des Herausfindens, wer wir sind, welche Teile von uns wir bestärken und welche wir um unserer Heilung willen transformieren sollten. Lassen Sie der Gruppe genügend Zeit für diese Übung; es sollten mindestens eineinhalb Stunden veranschlagt werden.

VORBEREITUNG

Wir beginnen mit einer Vorbereitungsübung, um den Teilnehmern ihre eventuelle Befangenheit gegenüber dem Zeichnen zu nehmen. Viele sagen »Ich kann nicht zeichnen«, »Ich kann nicht tanzen« oder »Ich kann nicht singen«, obwohl wir dies natürlich alle können.

1. Nehmen Sie ein Blatt Papier, und wählen Sie eine dunkelfarbige Kreide.
2. Halten Sie die Kreide in der rechten Hand, und führen Sie sie nach oben. Diese Bewegung öffnet den Brustkorb, und Sie werden instinktiv einatmen. Beginnen Sie mit kreisenden Bewegungen, die Sie ohne innezuhalten auf dem Papier fortsetzen. Diese Übung sollte innerhalb von 30 Sekunden abgeschlossen sein. Schauen Sie sich Ihre Zeichnung an, und stellen Sie fest, wieviel Bewegung und Leben darin zum Ausdruck kommt.
3. Drehen Sie das Papier auf die Rückseite, und wiederholen Sie den Vorgang mit der anderen Hand. Zeichnen Sie in der gleichen Zeitspanne scharfe, gezackte Linien.

4. Nehmen Sie ein neues Stück Papier, und arbeiten Sie eine halbe Minute mit beiden Händen gleichzeitig.
5. Schauen Sie sich Ihre Zeichnungen an. Verstärken Sie die Linien, und fügen Sie Farben hinzu. Spielen Sie mit dem Vorhandenen, und intensivieren Sie es innerhalb von zwei Minuten.

Sie werden staunen, wie spontan die Teilnehmer diese Übung ausführen. Die Ergebnisse sind ermutigend. Wir sind nun bereit, mit den Selbstporträts zu beginnen.

1. Setzen oder legen Sie sich, schließen Sie die Augen, und konzentrieren Sie sich auf Ihre Empfindungen, Gefühle und inneren Bilder.
2. Vergegenwärtigen Sie sich im Geiste Ihren Körper vom Kopf bis zu den Zehen. Spüren Sie Ihre Füße, und verlagern Sie Ihr Gewahrsein allmählich von den Füßen zu den Hüften weiter zum Oberkörper, den Schultern und Armen, dem Hals und Kopf. Betrachten Sie sich von innen und von außen. Stellen Sie sich vor, daß Sie sich an Ihrem Lieblingsplatz in der Natur befinden. Nehmen Sie sich für diese Übung ungefähr fünf Minuten Zeit.
3. Pause.
4. Wenn Sie sich bereit fühlen, öffnen Sie die Augen und zeichnen Ihren Körper in seiner gewohnten Umgebung.
5. Notieren Sie einzelne Wörter, die zum Ausdruck bringen, was Sie auf Ihrer Zeichnung sehen, und ordnen Sie die Sammlung drei Kategorien unter: physisch, emotional und assoziativ. Physische Wörter können beispielsweise sein: klein, wirbelnd, stehend, keine Beine. Emotionale Wörter: angespannt, wütend, traurig. Assoziative Wörter: Fluß, Schmetterling, Vogel.
6. Nachdem Sie die Wörter sortiert haben, geben Sie Ihre Zeichnung einem Partner. Dieser hält die Zeichnung hoch und liest Ihre Wörter laut vor.
7. Stellen Sie diese Wörter durch Bewegungen dar, während Ihr Partner sie vorliest. Lassen Sie sich bei Ihrem Tanz von Ihrer Zeichnung inspirieren.
8. Tauschen Sie mit Ihrem Partner die Rollen, und wiederholen Sie die Punkte 6 und 7.
9. Kehren Sie zu Ihrer Zeichnung zurück, und fügen Sie neue Wörter hinzu, die Ihnen eingefallen sind, während Sie getanzt haben.
10. Ziehen Sie einen Kreis um die drei Wörter, die Sie am meisten interessieren.

11. Wählen Sie aus jeder Kategorie (physisch, emotional und assoziativ) ein Wort aus. Bilden Sie daraus einen vollständigen Satz, indem Sie »Ich bin …« hinzufügen: »Ich bin wirbelnd, wütend, Fluß.«
12. Ihr Partner hält Ihre Zeichnung für Sie hoch. Bewegen Sie sich zu dem Satz, und sprechen Sie ihn aus, während Sie sich bewegen.
13. Wiederholen Sie den Tanz mehrmals. Dabei werden Gefühle und überraschende Bezüge zutage treten, die Ihnen tiefe Erfahrungen vermitteln.
14. Tauschen Sie mit Ihrem Partner die Rollen. Nehmen Sie sich so viel Zeit, wie Sie benötigen, aber dehnen Sie die Übung auch nicht lange aus. Halten Sie bei den Wiederholungen Ihr Interesse wach.

Durch das Tanzen der Selbstporträts verkörpern die Teilnehmer ihre Zeichnungen physisch und emotional. Sie erleben sich dadurch auf neue und kreative Weise. Der Tanz offenbart Emotionen, die aufregend und aufschlußreich sind. Wilde Dämonen, liebevolle Engel, eine sinnliche Schlange oder ein sanft dahinströmender Bach sind einige der Bilder, die sich ergeben können. Die Entdeckung der unerforschten Zustände enthält ein großes Heilungspotential.

Probieren Sie diese Übung unbedingt selbst aus, bevor Sie andere dabei betreuen. Erinnern Sie die Teilnehmer, daß es keine richtige oder falsche Art gibt, die Übung auszuführen. Die Zeichnungen und Tänze erfordern keine andere Fähigkeit, als in sich selbst gegenwärtig zu sein.

ABSCHLUSS: CHECK-OUT

Wenn alle Teilnehmer ihr Selbstporträt beendet haben, fordern Sie die Gruppe auf, einen Kreis zu bilden. Jeder soll dem Erlebten nachgehen und überlegen, was dieses mit seiner Krankheit zu tun haben könnte. Fordern Sie die Gruppenmitglieder auf, mit der Gruppe über ihre Zeichnungen und den ausgewählten Satz zu sprechen. Die Selbstporträtübung ist eine ergreifende Erfahrung, die gewöhnlich starke Emotionen mobilisiert. Schlagen Sie den Teilnehmern vor, ihre Zeichnung zu Hause an eine Wand zu hängen, eine Woche lang damit zu leben und die Symbole der Zeichnung »einsinken« zu lassen. Oft berichten Teilnehmer in der folgenden Woche über neue Erkenntnisse.

Lassen Sie die Gruppenmitglieder am Ende der Sitzung aufstehen, sich an den Händen halten und gemeinsam »Eins! Zwei! Drei! Vier!« zählen. Bei vier werden die Arme in die Luft geworfen, und es wird laut »Wupp!« gerufen. Anschließend sollen sie die Energie dieses Rufs von der Schädeldecke zum Damm fließen lassen. Einzelne Kulturen haben für diesen zentralen Bereich des menschlichen Körpers unterschiedliche Namen: In Japan wird er Hara genannt, in der indischen Philosophie zweites Chakra. Dort wollen wir unsere Energie sammeln, beruhigen und zentrieren. Wenn Sie sich eine Linie vom Nabel zum Steißbein denken und diese Linie halbieren würden, befände sich der gemeinte Punkt genau an dieser Stelle.

ZUSAMMENFASSUNG

Bei der ersten Zusammenkunft der Gruppe haben wir Kontakt zu uns selbst und zu den anderen Gruppenmitgliedern hergestellt. Nach einem einfühlsamen Check-in sollte die Gruppe das Körpergewahrsein stärken sowie eine Atem- und eine Pulsübung ausführen. Auf diese Weise lernen die Teilnehmer die Grundbausteine der Bewegungskunst kennen. Die Atemarbeit wirkt entspannend, die Arbeit mit dem Puls mobilisiert Energie. Die Teilnehmer lernen, ihren Körper als einen angenehmen und nährenden Ort anzusehen. Fahren Sie mit dem Zeichnen der Selbstporträts fort, die die Teilnehmer anschließend tanzen. Beenden Sie die Sitzung mit einem persönlichen, expressiven Tanz und dem Check-out.

»MEIN VOGEL SYMBOLISIERT ÖFFNUNG. WENN MEIN VOGEL SEINE ENGELSFLÜGEL ÖFFNET, FÜHLE ICH MICH FREI UND KANN FLIEGEN. ICH HABE OFT SCHRECKLICHE SCHMERZEN IM NACKEN- UND SCHULTERBEREICH, DOCH WENN ICH MEINEN VOGEL HERBEIRUFE, HÖREN DIE SCHMERZEN AUF.«

»Wenn ein Mann herauszufinden versuchte, wie er leben sollte, begab er sich in die Einsamkeit und weinte, bis ein Tier ihm Weisheit brachte. So haben uns die Tiere die heiligen Gesänge und die zeremoniellen Tänze gegeben.«

PAWNEE-HÄUPTLING, *Touch to Earth*

Diese Sitzung basiert auf der Vorstellung, daß Menschen ihre Gefühle in der Gestalt von Tieren besser zum Ausdruck bringen können als in ihrem menschlichen Körper. Tiere können auch beim Heilungsprozeß Verbündete sein. Die in Mythen und Märchen immer wieder auftauchende Verbindung zwischen Tieren und Menschen reicht bis in die Anfänge der Entwicklungsgeschichte zurück. Tiertänze haben in einigen Kulturen bis in die jüngste Zeit überdauert. Bereits aus der Frühzeit des Menschen liegen uns Zeichnungen von Tieren in Menschenform und umgekehrt vor. Irgend etwas Ungeheuerliches, vielleicht sogar Instinktives geschieht, wenn wir uns vorstellen, daß sich die menschliche Natur in das Wesen eines Tiers verwandelt. Diese Vorstellung inspiriert uns, zu unbewußten Gefühlen und psychischen Bedürfnissen in Beziehung zu treten. Indem wir mit Hilfe von Bewegung ein Tierbild verkörpern, können wir Eigenschaften erfahren, zu denen wir in unserem gewöhnlichen Leben keinen Zugang haben.

Die menschliche Gesellschaft wirkt oft repressiv, wohingegen Tiere ihre Emotionen unmittelbar zum Ausdruck bringen. Freut sich ein Hund, wedelt er mit dem Schwanz; wenn er aufgeregt ist, springt er umher; will er sein Territorium schützen, brummt er; ist er wütend, knurrt er und greift an; und wenn er Angst hat, zieht er den Schwanz ein und schleicht davon. Indem wir das Wesen eines Tiers annehmen, können wir die Wildheit eines Löwen ebenso verstehen wie die Stärke eines Bären, die Aggressivität eines Tigers, die Verspieltheit eines Affen und die Geduld einer Schildkröte. Die Bewegungen eines Tiers zu verkörpern kann uns den Zugang zu jenen verborgenen und blockierten Emotionen erschließen, die wir in unser Leben integrieren müssen, weil sie für unsere Heilung von entscheidender Bedeutung sind.

CHECK-IN

Die Sitzung beginnt mit einem Check-in, wobei alle Teilnehmerinnen auf Stühlen sitzen. Ein Stuhl ist eine wundervolle Stütze und ermöglicht trotzdem eine große Zahl von Bewegungen. Die liegende Position hat den Nachteil, daß man nicht sieht, was vor sich geht. Außerdem ist es nicht immer möglich, sich auf den Boden zu legen, entweder weil nicht genug Platz für alle vorhanden ist oder weil der Boden nicht sauber ist. Auf dem Boden zu sitzen ist für manche Teilnehmer schwierig. Dies gilt insbesondere für Männer, bei denen die Flexibilität der Hüftgelenke eingeschränkt ist. Außerdem besteht die Gefahr einer Überanstrengung des Rückens. Stehen ist für Menschen mit körperlichen Beschwerden nicht immer möglich, weil es ermüdet. Aus diesen Gründen ist das Sitzen auf einem Stuhl die beste Wahl.

Diese Sitzung ist für Menschen jeden Alters geeignet, doch insbesondere für ältere ohne jede Erfahrung mit tänzerischen Bewegungen und für Menschen mit starken körperlichen Beeinträchtigungen. Dazu können Teilnehmer im Rollstuhl und durch Chemotherapie geschwächte Menschen gehören. Oft hat sich im Schulter- und Nackenbereich der Betreffenden eine starke Spannung aufgebaut, und diese Körperpartien sind im Sitzen leichter zu bewegen.

SENSORISCHES GEWAHRSEIN AUF EINEM STUHL

Beginnen Sie die Übungen zur Stärkung des sensorischen Gewahrseins, indem Sie sich mit Ihrer Beziehung zu dem Stuhl, den Sie nutzen, beschäftigen. Genauso wie der menschliche Körper hat der Stuhl ein »Gesäß« (bzw. einen Sitz), einen »Rücken« (bzw. eine Rückenlehne) sowie Arme und Beine. Seine Teile werden ähnlich oder genauso genannt wie die Teile des menschlichen Körpers. Die meisten Menschen sind überrascht, wenn sie auf diese Beziehung hingewiesen werden. Beachten Sie, wie diese Aktivität die Teilnehmer auf angenehme Weise mit ihrer unmittelbaren Umgebung in Kontakt bringt. Bitten Sie die Gruppenmitglieder, sich entspannt und zentriert auf die Stühle zu setzen. Lassen Sie die Augen schließen und den Körper vom Kopf bis zu den Zehen vergegenwärtigen.

Sie können dies als eine Art Spiel verstehen, das die Teilnehmer mit Ihrem Körper, ihren Bewegungen und ihren Gefühlen in Kontakt bringt. Nehmen Sie sich bei all diesen Übungen viel Zeit, damit die Gruppenmitglieder die Wirkung jeder Phase des Prozesses erleben und in ihrem Körper spüren können. Beobachten Sie Körper und Atmung der Anwesenden, um festzustellen, wann der richtige Zeitpunkt für die einzelnen Anweisungen gekommen ist.

1. Atmen Sie tief ein, und schließen Sie die Augen.
2. Sie und Ihr Stuhl sind Partner. Was spüren Sie zwischen Ihrem Körper und dem Stuhl?
3. Rekeln Sie sich auf Ihrem Sitz, bis Sie eine möglichst zentrierte Position finden.
4. Lehnen Sie sich gegen die Rückenlehne, bis Sie die Unterstützung der Lehne spüren.
5. Legen Sie Ihre Arme auf die Seitenlehnen des Stuhls, lassen Sie die Schultern hängen, und entspannen Sie sich.
6. Setzen Sie die Füße direkt unter Ihre Knie, so daß die Unterschenkel im rechten Winkel zu den Oberschenkeln stehen. (Berühren die Beine eines Teilnehmers den Boden nicht, können Sie dem Betreffenden ein Kissen unter die Füße legen.) Ihre Beine gleichen den Beinen des Stuhls. Wenn die Stuhlbeine nahe beieinander stehen, ist der Stuhl kippelig. Setzen Sie die Füße so auf den Boden, daß Ihre Position abgestützt und stabilisiert wird.
7. Stellen Sie die Knie schulterweit auseinander.
8. Öffnen Sie die Augen. Wie fühlen Sie sich? Sitzen Sie bequem? Fühlen Sie sich unterstützt? Zentriert? In Kontakt mit dem Stuhl?
9. Experimentieren Sie mit verschiedenen Arten, auf dem Stuhl zu sitzen, und achten Sie darauf, welchen Einfluß die jeweilige Position auf Ihr Wohlbefinden hat. Ziehen Sie das Becken so ein, daß das Gewicht Ihres Körpers auf dem Steißbein ruht. Ihr Rücken nimmt eine runde Haltung an, und Ihr Brustkorb sinkt zusammen. Wie empfinden Sie diese Haltung?
10. Nehmen Sie die »umgekehrte« Position ein: Lehnen Sie sich nach vorn, krümmen Sie den Unterrücken leicht, und drücken Sie die Brust nach vorn. Wie wirkt sich diese Haltung auf Ihre Gefühle aus?
11. Überkreuzen Sie die Beine, und lehnen Sie sich zu einer Seite. Wie fühlen Sie sich jetzt?

Wenn Sie als Gruppenleiter den Eindruck haben, daß die Gruppe gut mitarbeitet, können Sie die Anwesenden bitten, selbst gewählte Positionen zu erforschen. Denken Sie daran, auch die mit den Positionen verbundenen Gefühle einzubeziehen. Außerdem können die Teilnehmer die Ideen anderer Gruppenmitglieder erproben, wodurch es zu einer Art Rollenspiel kommt. Beispielsweise können Sie mit dem »Macho« experimentieren, indem Sie die Brust vorstrecken, mit dem »Opfer«, indem Sie eine zusammengekrümmte Haltung einnehmen, oder mit der »Koketten«, indem Sie die Position Ihrer Arme und Beine verändern. Denken Sie sich ein paar Experimente aus, und machen Sie sich mentale Notizen, wie Ihre Gefühle durch Körperpositionen verändert werden. Diese Übung hilft Menschen zu verstehen, wie Körperhaltungen ihren emotionalen Zustand beeinflussen. Eine Weiterentwicklung besteht darin, daß Sie Ihre Lieblingshaltung einnehmen und den Charaktertyp spielen, der sich in dieser Haltung manifestiert.

BEWEGUNGSRESSOURCEN

1. Schließen Sie die Augen, und atmen Sie tief. Entspannen Sie alle Muskeln im Bereich der Augen, der Stirn, der Wangen und des Mundes. Reiben Sie sich mit den Händen über das Gesicht, und wischen Sie alle Spannungen weg.
2. Atmen Sie aus, und entspannen Sie den Nacken. Lockern Sie anschließend Brustkorb und Schultern. Wiegen Sie sich von einer Seite zur anderen. Ihre Halsmuskeln werden kräftig gedehnt, wenn Sie den Kopf dabei hängen lassen. Ein sanftes Wiegen lindert eventuelle Verspannungen.
3. Richten Sie Ihre Wirbelsäule auf, wobei Sie am untersten Punkt beginnen, bis Ihr Kopf leicht auf dem obersten Punkt der Wirbelsäule schwebt. Atmen Sie ein, und experimentieren Sie mit der Empfindung der Leichtigkeit.
4. Halten Sie den Kopf passiv, und lassen Sie ihn durch Körperbewegungen schwingen. Versetzen Sie den Kopf in einen ausgeglichenen, leichten und entspannten Zustand.
5. Wiederholen Sie diese Bewegungen, und lassen Sie den Kopf weiter hinabsinken, so daß auch Ihre Schultern nach vorn fallen. Nutzen Sie auch diesmal schwingende Bewegungen.

6. Richten Sie die Wirbelsäule beim Einatmen auf, und beobachten Sie, wie sich die einzelnen Wirbel aufeinandertürmen. Versetzen Sie sich wieder in eine schwingende Bewegung, wobei Ihre Schultern die Führung übernehmen und Sie Ihren Körper beim Schwingen drehen. Ihr Kopf bleibt bei alldem passiv, entspannt und leicht.
7. Wiederholen Sie diese Bewegung, und lassen Sie Ihren Kopf noch weiter hinabsinken. Legen Sie die Hände auf den Unterrücken, und atmen Sie in die Hände. Legen Sie die Hände anschließend auf die Knie, damit Ihre Wirbelsäule eine aufrechte Position einnimmt. Atmen Sie ein.
8. Lassen Sie den Körper hin und her schwingen. Der Kopf hängt dabei, als gehöre er einer Stoffpuppe.
9. Beugen Sie den Kopf langsam nach rechts. Spüren Sie, was dabei in Ihrer Wirbelsäule geschieht. Die eine Seite Ihres Körpers wird gestaucht, die andere dehnt sich. Nachdem Sie sich wieder aufgerichtet haben, ruhen Sie sich aus und lassen den Kopf auf der Wirbelsäule schweben. Atmen Sie ein.
10. Wiederholen Sie die Übung nach links. Lassen Sie den Kopf so weit sinken, wie es Ihnen angenehm ist. Achten Sie darauf, wie sich diese Bewegung auf Ihren Körper auswirkt. Vergessen Sie nicht, während der Bewegung zu atmen.
11. Ruhen Sie sich aus.
12. Nutzen Sie die Rückenlehne Ihres Stuhls als Stütze, und lassen Sie den Kopf sanft nach hinten fallen.
13. Bringen Sie den Kopf in eine aufrechte Position, so daß er möglichst ohne Anspannung auf der Wirbelsäule ruht. Ruhen Sie sich aus.
14. Lassen Sie die Hände leicht über Ihr Gesicht streichen und anschließend auf der Brust ruhen. Atmen Sie in den Brustkorb, und heben Sie dabei die Brust. Beim Ausatmen lassen Sie den Brustkorb zusammensinken. Beziehen Sie Ihren Kopf in die Bewegungen ein. Verbinden Sie sich mit Ihrer Atmung, und halten Sie zwischen den einzelnen Atemzügen inne.
15. Spüren Sie bei diesen Bewegungen die Beziehung zwischen Kopf und Brust.
16. Achten Sie darauf, wie Ihre Schultern mit dem restlichen Körper verbunden sind. Heben Sie die rechte Schulter zum rechten Ohr. Bleiben Sie in dieser Position, und halten Sie den Atem an. Entspannen Sie sich. Atmen Sie aus, und lassen Sie noch stärker los. Wiederholen Sie die gleiche Bewegung auf der anderen Körperseite. Merken Sie einen Unterschied zwischen Ihrer linken

»Meine Schildkröte hat eine harte Schale, die mich schützt. Als man mir sagte, ich sollte meine Angelegenheiten in Ordnung bringen, weil ich nicht mehr viel Zeit zu leben hätte, flehte ich die Große Mutterschildkröte an, mich vor diesen vernichtenden Worten zu schützen.«

»O große Mutterschildkröte, rette mich vor dem Tod.«

und Ihrer rechten Schulter? Schauen Sie sich im Kreis der Gruppenmitglieder um, ob Sie Unterschiede zwischen den beiden Schultern erkennen können.

17. Heben Sie beide Schultern an, und lassen Sie sie wieder sinken.
18. Ziehen Sie Ihre Schultern vor und zurück. Merken Sie, wie sich Ihre Schulterblätter dabei mitbewegen und Ihr Kopf sich ebenfalls vor und zurück bewegt? Macht Ihr Kopf nicht mit, versuchen Sie, die Halsmuskulatur zu entspannen. Da der Kopf von der Halsmuskulatur aufrechtgehalten wird, dauert es gewöhnlich einige Zeit, bis wir diese Muskeln entspannen können.
19. Experimentieren Sie damit, die Schultern kreisen zu lassen, zuerst auf der einen, dann auf der anderen Seite. Probieren Sie als nächstes, die eine Schulter vorwärts und die andere rückwärts zu bewegen. Beachten Sie, wie Ihre Wirbelsäule sich dabei verformt. Folgen Sie der Rotationsbewegung mit dem Kopf. Ruhen Sie sich aus.
20. Halten Sie die Arme in Schulterhöhe. Streichen Sie mit der linken Hand über den Körper, wobei Sie an der Brust beginnen und die Bewegung über die rechte Schulter, den rechten Ober- und Unterarm und von der rechten Hand in die Luft fortsetzen. Folgen Sie dieser Bewegung mit den Augen. Wenn Sie mit Ihrem Gesäß den Kontakt zum Stuhl halten, vollführt Ihre Wirbelsäule eine spiralförmige Bewegung. Wiederholen Sie die Bewegung mit der rechten Hand.
21. Ruhen Sie sich aus.
22. Bewegen Sie die Hände am Bauch entlang abwärts, und beziehen Sie das Becken in die Atembewegung ein. Lassen Sie das Becken vor- und zurückschwingen. Sobald Sie die Beckenbewegung isoliert haben, experimentieren Sie mit den unterschiedlichen Richtungsmöglichkeiten. Bleiben Sie bei alldem Ihres Atems bewußt. Bewegen Sie sich langsam, und bleiben Sie zentriert. Die Übung führt Ihrem Becken Energie zu und verbessert seine Bewegungsfähigkeit.

Bei einer Variante erheben Sie sich vom Stuhl, um sich auf Händen und Knien abzustützen. Wenn Sie in dieser Haltung Rücken und Kopf beugen und strecken, folgt Ihr Becken der Bewegung. Manchen Menschen fällt es leichter, diese Bewegung auf einem Stuhl auszuführen, wohingegen andere dies besser auf Hände und Knie gestützt können. Ruhen Sie sich anschließend aus, gehen Sie umher, und stellen Sie fest, wie sich Ihr Körper anfühlt.

PULS: UP-BEAT UND DOWN-BEAT

Lassen Sie eine Musik mit starkem Beat laufen, um die Teilnehmer zur Mobilisierung ihrer Energie anzuregen. Dies trägt zu einer fröhlichen Stimmung bei. Gruppen freuen sich stets über die Atmosphäre des gemeinsamen Tanzens, und meist wird viel gelacht. Es ist wichtig, ernste und konzentrierte Bewegungsarbeit durch spielerische Aktivitäten zu ergänzen. Aufschlußreich ist dabei unsere Beziehung zum Down-beat und Up-beat des Pulses. Diese Polarität steht in einer zentralen Verbindung zu unserer Emotionalität und unserem physischen Körper. Menschen, die ihre Wut oder Macht nicht zum Ausdruck bringen, erleben diese Emotionen, sobald sie den Down-beat betonen. Das gleiche gilt für die Hervorhebung des Up-beats. Gefühle großer Freude und des Triumphs stellen sich bei dieser Bewegungsqualität ein.

1. Ziehen Sie die Schuhe aus, damit Sie Ihre Füße spüren können. Schütteln Sie die Füße einzeln aus, indem Sie Ihre Knie beugen und strecken. Drehen Sie die Fußgelenke nach innen und außen, und bewegen Sie die Füße kreisförmig. Klopfen Sie wie ein Pferd auf den Boden. Versuchen Sie, mit den Zehen die Strümpfe auszuziehen. Massieren Sie Ihre Füße. Stehen Sie auf, und fühlen Sie, wie Ihre Füße Sie erden. Spüren Sie, wie Ihr Körper unterstützt wird, wenn Ihre Füße sensibilisiert sind. Legen Sie eine Musik mit starkem Beat auf, und folgen Sie dem Rhythmus mit Ihren Füßen.
2. Bewegen Sie sich mit verschiedenen Körperteilen zu diesem Beat – mit Händen, Schultern, Kopf und Beinen. Bewegen Sie sich auch mit einer anderen Person oder der ganzen Gruppe. Spielen Sie mit diesen Elementen so lange, wie Sie können, um Ausdauer zu entwickeln.
3. Bilden Sie mit den übrigen Teilnehmern einen Kreis, und lassen Sie die Arme schwingen. Heben Sie die Arme in die Luft, lassen Sie sie wieder sinken und erneut emporschnellen.
4. Sobald sich diese schwingende Bewegung etabliert hat, können Sie den Down-beat der Bewegung akzentuieren. Lassen Sie die Arme beim Down-beat kräftig herabschwingen. Die Bewegung verwandelt sich dadurch in ein Trommeln oder Schlagen. Tun Sie dies zunächst allein und anschließend zusammen mit der

Gruppe. Fügen Sie bei jedem Down-beat ein Geräusch hinzu. Die Gefühle, die dieser Bewegung entsprechen, sind Macht, Stärke, Wut und Entschlossenheit.
5. Um den Akzent auf den Up-beat zu verlagern, lassen Sie die Arme nach oben schwingen. Die Gefühle, die dieser Bewegung entsprechen, sind Triumph, Freude und Glück.

Diese wichtigen Bewegungen sollten der Gruppe als Vorbereitung auf die tänzerische Darstellung ihrer tierischen Verbündeten dienen. Nach der Übung legen Sie eine Pause ein. Bei der Rückkehr der Gruppe in den Arbeitsraum halten Sie Papier und Kreide bereit. Die Stühle werden an die Wände des Raums gerückt, damit für die Tiertänze möglichst viel Platz vorhanden ist.

VERBÜNDETE TIERE: *angeleitete Visualisation und Zeichnen*

Die nächste Übung ist eine geführte Meditation, bei der die Gruppenmitglieder ihre verbündeten Tiere finden. Die Teilnehmerinnen sollten darüber informiert werden, was als nächstes geschehen wird, beispielsweise: »Wir werden mit einer geführten Meditation beginnen, um unsere verbündeten Tiere zu finden, die uns eine wichtige Botschaft übermitteln werden. Dies ist zwar eine etwas geheimnisvolle Art der Übermittlung, doch im Geheimnisvollen liegen Wahrheiten verborgen.« Wiederholen Sie nicht einfach die hier vorgeschlagenen Sätze, sondern vermitteln Sie den Sinn auf Ihre eigene Weise, denn dies wirkt wesentlich überzeugender. Fordern Sie die Teilnehmer auf, eine angenehme Position einzunehmen, und beginnen Sie mit der Reise. Lassen Sie ihnen genug Zeit, sich die Bilder wirklich zu eigen zu machen.

1. Benutzen Sie Ihren Atem, um sich in Ihren Körper hineinzuversetzen. Atmen Sie tief, und entspannen Sie sich.
2. Stellen Sie sich eine Leere vor. Füllen Sie diese mit Himmel, Bäumen, einem Wasserloch, einer weiten Ebene, einem Berg oder einer anderen natürlichen Umgebung. Nehmen Sie sich dafür soviel Zeit, wie Sie brauchen.

3. Suchen Sie in dieser Umgebung sich selbst. Halten Sie anschließend nach einer besonderen Tierart Ausschau. Gerüche und Geräusche umgeben Sie. Sie sind sehr aufgeregt und neugierig. Entdecken Sie einen Ort, an dem Sie sich hinsetzen und ausruhen können. Dabei sind Sie äußerst wach. Werden Sie sich allmählich bewußt, daß ein anderes Wesen Sie besucht. Bleiben Sie ganz ruhig. Sobald das Wesen da ist, freunden Sie sich mit ihm an. Studieren Sie genau, wie es sich bewegt, welche Geräusche es erzeugt, was es fühlt und wie es handelt. Versetzen Sie sich so intensiv in die Existenz dieses Tiers, daß Sie mit seinem Körper verschmelzen und seine Form annehmen.
4. Nun sind Sie dieses Tier. Welche Geräusche bringen Sie hervor? Wie bewegen Sie sich? Was tun Sie? Suchen Sie die Stimme und die Bewegungen des Tiers, und machen sie sich beides zu eigen.
5. Treten Sie zu den übrigen Tieren der vorgestellten Umgebung in Kontakt.
6. Wenn Sie diese Bewegungserforschung zum Abschluß gebracht haben, können Sie allmählich wieder in Ihre menschliche Form zurückkehren.

Die Übung kann bis zu einer Stunde, aber auch nur 20 Minuten dauern. Die Gruppenmitglieder sind dabei oft sehr engagiert, weshalb Sie mit den unterschiedlichsten Dinge rechnen müssen: Sie können kämpfen, spielen, einander umarmen oder beschützen usw. Manchmal wird gelacht, in anderen Fällen ist ein Knurren zu hören, oder es ertönen Schreckenslaute. Die Übung kann starke Emotionen aktivieren, doch gewöhnlich gefällt den Teilnehmern die spielerische und spontane Atmosphäre.

Eine Variante dieser Übung besteht darin, daß Sie sich als menschliches Wesen erleben, das sich mit Eigenarten des favorisierten Tiers auseinandersetzt. Mit anderen Worten: Sie übersetzen die Charakteristik Ihres Tiers in menschliches Verhalten. Dies kann geschehen, indem alle Teilnehmer durch den Raum gehen und zu den übrigen in der Gestalt ihres »menschlichen Tiers« Kontakt aufnehmen. Ist Ihr verbündetes Tier beispielsweise ein Tiger, können Sie die Energie des Tigers in Ihre Interaktionen mit anderen Menschen hineinnehmen. Doch statt zu fauchen oder zu fressen würden Sie die tierischen Elemente in menschliche Verhaltensweisen und menschliche Sprache übersetzen. Diese Umwandlung kann Ihrem Tierbild eine besondere Unmittelbarkeit verleihen.

ZEICHNEN UND TANZEN SIE IHR TIER

(Dieser Teil der Übung erfordert mindestens 30 Minuten.)

1. Bleiben Sie in der Stimmung Ihres Tiers, gehen Sie zu Ihrem Zeichenblock, und zeichnen Sie das Tier.
2. Schreiben Sie auf ein anderes Blatt Papier Bewegungen, Gefühle, Aktivitäten und Geräusche, die mit Ihrem Tier zusammenhängen. Was könnte Ihr Tier tun, fühlen oder sagen?
3. Kreisen Sie vier Wörter ein, die Ihnen besonders gefallen.
4. Komponieren Sie aus diesen vier Wörtern ein Lied, oder erzählen Sie eine Geschichte. Sie können den Wörtern zu diesem Zweck Präpositionen hinzufügen.
5. Tanzen Sie Ihre verbündeten Tiere in Dreiergruppen. Dabei tanzt jeweils eine Person ihren Verbündeten; die zweite hilft dem Tanzenden, indem sie seine Bewegungen verstärkt oder spiegelt. Der dritte Teilnehmer spricht oder singt die ausgewählten Wörter, während die übrigen beiden tanzen. Alle drei Rollen bieten Raum für Improvisation. Die Wörter sollen wiederholt und spielerisch verwendet, also nicht auf ganz gewöhnliche Weise vorgelesen werden.
6. Die Mitglieder der Dreiergruppe tauschen die Rollen, so daß schließlich jedes Mitglied alle drei Rollen gespielt hat.
7. Nachdem Sie diese Übung beendet haben, schreiben Sie auf, wie das Tier, das Sie als Ihren Verbündeten ansehen, Sie unterstützen kann, wenn Sie Hilfe benötigen.
8. Fragen Sie Ihren Verbündeten: Wie kannst du mir helfen, mit meiner Krankheit und mit den übrigen Schwierigkeiten in meinem Leben umzugehen? Nehmen Sie die Antwort in sich auf.

Wenn es in der Gruppe Teilnehmer gibt, die aus Erschöpfung oder Schwäche nicht in der Lage sind, ihre Tiere zu tanzen, können Sie entweder ein anderes Gruppenmitglied bitten, dies für den Betreffenden zu tun, oder Sie ermutigen den Teilnehmer, seinen Verbündeten nur mit den Händen und dem Gesicht darzustellen, ganz gleich, wie subtil diese Darstellung sein mag. Es folgen einige Beispiele

Würde und berechtigter Stolz: Ich kann mit allem fertig werden.

dafür, was Teilnehmer nach der tänzerischen Darstellung ihrer verbündeten Tiere aufgeschrieben haben.

Die helle Frühlingssonne läßt die kalifornische Küste vollkommen sauber und sehr schön erscheinen. Das grünblaue Meer rollt unablässig gegen die Klippen und die lauschigen kleinen Strände an. Ich schwimme mit den Walen. Man könnte meinen, daß dies für eine 59jährige krebskranke Frau gefährlich ist. Doch Sie kennen die Wale nicht. Sie schwimmen in einer großen Gruppe, der Walschule. Ich schwimme zwischen ihnen und spüre ihre riesigen Körper, während wir uns durch das grüne Wasser bewegen. Sie stoßen nie gegen mich und treffen mich nie mit ihren Flossen oder Schwänzen. Sie wissen, daß ich unter ihnen bin, ein kleiner menschlicher Körper und Geist, umgeben von ihrer Größe. Ich fühle mich völlig sicher, geschützt durch ihre Zahl und Größe. Sie lassen sich im Wasser treiben, krümmen ihren Rücken und bewegen sich mit ihrer riesigen Schwanzflosse fort. Ich versuche, wie sie zu schwimmen. Ich winde mich und stoße mich mit den Füßen ab. Ich liebe diese Wale und umarme sie. Eine Weile reite ich auf einem kleinen Wal. Dann schwimme ich zwischen zwei großen, wobei ich vertraulich die Seiten ihrer Körper berühre. Wir sind auf dem Weg irgendwohin. Mein Geist sagt mir, daß wir auf dem Weg nach Baja sind, um unsere Babys zu gebären und in der Sonne zu liegen. Doch im Grunde weiß ich nicht, wohin wir unterwegs sind. Ich treibe mit dem Gesicht nach unten im Wasser, schwimme auf den Wellen des Pazifiks. Ich stelle mir vor, ich wäre ein schwangerer Wal auf dem Weg nach Baja. Dann lasse ich mich zum Meeresgrund treiben und stehe auf dem sumpfigen Meeresboden. Ich winke den Walen zu und deute in die Richtung, in die sie schwimmen sollten. Meine Arme bewegen sich wie ein Semaphor und weisen ihnen den Weg. Natürlich wissen sie, wohin sie schwimmen müssen, doch lassen sie mich gewähren. Oh, Schwimmen, Berühren, tief unten, dunkel, sicher, und all dies ohne Ende. Ihr Wale, ich habe eine herrliche Zeit bei euch. Ich gehe über Grenzen hinaus, über Krebs, Krankheit, Erschöpfung und Schmerz, über alle Gedanken an morgen. Meine Wale im Meer verdauen die Ärzte, Techniker, Pfleger und Forscher. Sie alle werden Walexkremente und sinken zum Meeresgrund. Das ist Freiheit. Ich lasse die Wale alles für mich tun. Sie lehren mich zu schwimmen. Sie weisen mir die Richtung, in die ich mich bewegen soll.

Eine andere Geschichte über ein verbündetes Tier stammt von einer Frau, die einen Krebskranken betreute. Die junge Japanerin war gerade erst eingewandert. Kurz nach ihrer Ankunft hatte sie einen Mann kennengelernt und geheiratet, der viel älter als sie war und Krebs hatte. Er stellte ungeheure Ansprüche an sie und verlangte, daß sie Tag und Nacht für ihn sorgte. Sie war sehr aufgewühlt und fühlte sich dieser Situation nicht gewachsen. In ihrem Tanz visualisierte sie einen blauen Vogel, und als sie ihn vorführte, bat sie die anderen, sich in einem Kreis um sie zu setzen. Sie fing an, Vogelrufe auszustoßen. Sie kreischte und forderte uns auf, ihr folgende Fragen zu stellen: »Was versuchst du mir zu sagen, du wunderschöner blauer Vogel? Wenn du etwas weißt, das ich nicht weiß, dann sag es mir.« Alle in der Gruppe spielten in ihrem Tanz eine Rolle und stellten ihr diese Fragen. Schließlich begann sie leise zu weinen und bat die Gruppe um Hilfe. Sie sagte, sie fühle sich völlig allein mit ihrer schweren Last. Daraufhin blieben einige Mitglieder der Gruppe auch außerhalb des Kurses mit ihr in Kontakt, wodurch ihr Schmerz gelindert wurde.

Eine andere Frau hatte große Schwierigkeiten, ihre Kraft zu mobilisieren, um eine bestimmte Bewegung ausführen zu können, die eine starke, aggressive Haltung erforderte. Wir brachten sie zunächst dazu, die emotionale Assoziation der Wut auszuklammern und sich auf die mit der Bewegung verbundene körperliche Kraft zu konzentrieren. Als wir an einer schwingenden Bewegung arbeiteten und sie dabei die Arme sinken ließ, forderten wir sie auf, mehr Kraft einzusetzen. Als ihr das allmählich gelang, wurden schließlich ihre Emotionen angesprochen. Sie fing an, mit Armen und Beinen um sich zu schlagen. Ihr ganzer Körper entwickelte plötzlich eine ungeheure Kraft, und sie brüllte: »Nein! Nein! Halt! Geht mir aus dem Weg!« Später zeichnete sie eine Giraffe und tanzte eine Geschichte, die sie damit verband. Es ging darum, daß die Giraffe von einem Tiger bedroht wurde. In ihrem Tanz rannte die Frau im Raum umher, während eine andere Teilnehmerin den Tiger tanzte, der sie verfolgte. Während des Laufens verfiel sie in Panik und große Angst. Als wir anschließend über das Erlebnis sprachen, sagte sie: »Ich hatte Angst, daß der Tiger mich töten würde, aber ich wollte nicht weglaufen. Die Giraffe ist größer als der Tiger. Sie könnte sich mit dem Tiger messen und sich ihm entgegenstellen, aber ich weiß nicht wie.«

Sie wurde an die Schlagbewegung erinnert, die wir vorher ausgeführt hatten, und daran, daß sie bei jedem Down-beat »Stop« gebrüllt hatte. Ich forderte sie auf, ihren Tanz noch einmal zu wiederholen. Wenn der Tiger sie dann jagen würde, sollte sie die Schlagbewegung ausführen und ihre Stimme einsetzen. Sie wiederholte den Tanz, der Tiger jagte sie, und plötzlich drehte sie sich um, stellte sich dem Tiger entgegen und stieß einen Schrei aus. Der Tiger erschrak durch ihre Entschlossenheit und Kraft und gab die Verfolgung auf. Alle Gruppenmitglieder bemerkten die Veränderung in der Haltung und im Gesichtsausdruck der Teilnehmerin. Vor unseren Augen verwandelte sie sich von einem Opfer in eine selbstsichere Frau. Es gelang ihr, diese neue Haltung auf den Umgang mit ihrer Krebserkrankung zu übertragen. Durch die Bewegungsarbeit hatte sie eine Möglichkeit entdeckt, zu ihrer Kraft in Kontakt zu treten.

Ich möchte noch ein letztes Beispiel beschreiben, weil viele von uns so herzlich darüber gelacht haben. Als ich einmal im Krebszentrum mit einem Kurs begann, wurde ich der Gruppe als Spezialistin für Bewegungsarbeit und als Tänzerin vorgestellt. Mir fiel auf, daß eine junge attraktive Frau daraufhin schnell die Beine überkreuzte, ihre Arme vor der Brust verschränkte und nach unten schaute. Bevor wir mit der Arbeit begannen, fragte ich diese Teilnehmerin, was mit ihr los sei und ob sie mir irgend etwas erzählen wolle. Zögernd gestand sie, sie hasse ihren Körper, und der Gedanke, daß sie tanzen solle, bereite ihr große Angst. Nachdem ich ihr zugehört hatte, setzte ich die Arbeit fort. Als die Teilnehmer ihr verbündetes Tier zeichneten, fiel mir auf, daß diese junge Frau einen wunderschönen Affen mit zwei leuchtend grünen Hoden zwischen den Beinen gezeichnet hatte. Ihre tänzerische Darstellung war köstlich: Sie spreizte die Beine und wiegte sich von Seite zu Seite, so wie Affen es tun. Spielerisch stellte sie die »zwei grünen Bälle« zur Schau und hatte offensichtlich großen Spaß an diesem Tanz. Ihr Verbündeter hatte ihr zu Bewußtsein gebracht, daß sie durchaus Spaß haben und die Sinnlichkeit und Freude an ihrem Körper genießen konnte. Dies hatte der Krebs ihr nicht nehmen können.

ZUSAMMENFASSUNG

In dieser Sitzung haben wir uns ein Tier als Verbündeten gesucht. Beginnen Sie die Sitzung mit dem Check-in und einer Übung zur Stärkung des sensorischen Gewahrseins. Lassen Sie die Gruppe zu Anfang auf Stühlen in einem Kreis sitzen, und passen Sie die Übung dieser Situation an. Arbeiten Sie mit entschlossenen Bewegungen, die sich aus einem starken Rhythmus entwickeln. Die Betonung des Down-beats hilft den Teilnehmern, Macht und Entschlossenheit zu erfahren. Nachdem die Gruppe aufgestanden ist und sich bewegt, können Sie eine Visualisationsübung folgen lassen, die die Teilnehmer zu ihren Verbündeten führt. Fordern Sie sie auf, diese Tiere zu verkörpern, sie zu tanzen und dann zu lauschen, was sie zu sagen haben. Danach sollten die Teilnehmer die gewählten Tiere zeichnen und notieren, was sie von diesen Verbündeten gelernt haben. Die Teilnehmer können ihre Tiere aber auch zuerst zeichnen, dann etwas über sie schreiben und sie zum Schluß tanzen, wobei ihnen das Geschriebene als Choreographie für den Tanz dient. Zum Schluß der Sitzung sprechen sie miteinander über die vielen Arten, wie verbündete Tiere uns eine Lektion für unser Leben erteilen können.

Meine persönlichen und beruflichen Erfahrungen haben mir gezeigt, daß viel Schmerz aufgelöst werden kann, wenn Menschen über genügend Selbstgewahrsein verfügen, um ein gesundes Selbstwertgefühl zu entwickeln, und wenn sie alles daran setzen, in einer Atmosphäre der Offenheit und Ehrlichkeit zu leben. Wir können irrelevante Diskussionen, Energievergeudung, Verschweigen, Lügen und andere Arten ineffizienter Aktivität aus dem Weg räumen.

WILL SCHUTZ, *The Human Element*

Die Qualität unserer Beziehungen ist ein wichtiger Aspekt unseres Lebens und unseres Heilungsprozesses. Wenn wir krank sind, brauchen wir die Unterstützung der Menschen, zu denen wir eine enge Beziehung haben, mehr denn je. Wir brauchen das Gefühl der Verbundenheit mit anderen. Wir müssen die Liebe und Unterstützung unserer Familie spüren und uns als Teil einer Gruppe oder Gemeinschaft fühlen. Darüber hinaus ist es für manche wichtig, sich in einer umfassenderen Beziehung zur Welt und zur Erde selbst zu sehen. Wenn unsere Beziehungen nicht »funktionieren«, fehlt unserem Leben etwas Wichtiges. Wir benötigen diese Erfahrung, um die Stärke unseres Immunsystems zu erhalten und um in einer guten seelischen Verfassung zu bleiben. Wenn wir krank sind, brauchen wir andere, die uns anhören, ohne uns zu beurteilen oder gleich mit guten Ratschlägen zu überhäufen. Wir müssen lernen, in Konflikten für unsere Position einzutreten und gegenteilige Meinungen trotzdem zu respektieren. Wir müssen lernen, ehrlich zu sein, und dürfen keine Angst haben, durch das Eintreten für unsere Ansichten die Gefühle anderer zu verletzen. Wir müssen wissen, wann wir *nein* und wann wir *ja* sagen wollen.

Eine verzweifelte Freundin rief mich an und sagte, ihr Vater habe Krebs. Er gehe nicht mehr aus dem Haus, um sich mit Freunden zu treffen oder irgend etwas zu tun, das ihm Freude mache. Er hatte sich praktisch aufgegeben, war völlig isoliert und verließ sich ausschließlich auf die Pflege seiner schon sehr alten Frau und seiner Tochter. Vielleicht glaubte er, seine Freunde würden nicht mit ihm zusammensein wollen. Oder er hatte nie eine gute Beziehung gehabt, und ihm war nicht klar, wieviel er davon profitieren konnte. Er konnte sich nicht vorstellen, daß auch seine Freunde etwas davon haben könnten, wenn sie ihm ihre Zeit und Zuwendung schenkten. Vielen von uns fällt es schwer, auf ihre Beziehungen zu vertrauen oder sich an andere Menschen zu wenden, wenn es ihnen schlecht geht. Wenn wir krank sind, müssen wir lernen, um Hilfe zu bitten und jenen Überfluß an Liebe anzunehmen, der uns umgibt.

Das folgende Material kann in einer oder in mehreren Sitzungen benutzt werden. Bei der Beziehungsthematik ist es meiner Meinung nach durchaus angemessen, mehrere Male daran zu arbeiten. Die hier wiedergegebenen Arbeitspläne dienen der Erforschung unserer Beziehungen und der Frage, wie wir destruktive Tendenzen verändern und positive verstärken können. Oft hilft diese Auseinandersetzung Menschen, zu sehen, was sie in ihren Beziehungen haben, was sie in ihren Beziehungen brauchen und wie sie ihren persönlichen Impulsen treu bleiben können. Wenn Sie als Gruppenleiter Beziehungen nur als ein Thema unter anderen benutzen wollen, sollten Sie den ersten der vorgestellten Sitzungspläne verwenden. Die übrigen Pläne bauen darauf auf. Es ist zweckmäßig, auf die Möglichkeit eines metaphorischen Verständnisses von Bewegung und Tanz zu verweisen. Dies hilft den Teilnehmern, eine Parallele zwischen der Art, wie sie ihre Beziehungen im Rahmen der Gruppe tanzen, und ihren Beziehungs-»Tänzen« außerhalb der Gruppe zu erkennen.

IM KÖRPER HEIMISCH WERDEN

Diese Übung veranschaulicht den Teilnehmern den Unterschied zwischen körperlicher Anspannung und Entspannung. Wir sollten spüren, wann unsere Muskeln angespannt und wann sie locker sind. Dieser Unterschied kann subtil sein, doch ist er für die Erhaltung unserer Gesundheit sehr wichtig. Selbst während ich dies schreibe, habe ich mir einen Augenblick Zeit genommen, um mir meines gesamten Körpers bewußt zu werden. Dabei habe ich bemerkt, daß meine Schultern bis zu den Ohren hochgezogen waren und ich in vorgelehnter Haltung saß, wodurch mein Rücken angespannt war und von der Rückenlehne abgestützt wurde. Als ich die Schultern sinken ließ und mich im Stuhl zurücklehnte, wurde mein Atem leichter, und meine Gefühle veränderten sich. Ich fühlte mich ausgeglichener, da ich meine Spannung losgelassen hatte.

1. Suchen Sie sich einen bequemen Platz auf dem Boden. Legen Sie sich auf den Rücken.
2. Atmen Sie ein, und halten Sie den Atem an, während Sie bis zehn zählen. Atmen Sie anschließend aus.
3. Wiederholen Sie dies mehrmals.
4. Strecken Sie die Arme zur Seite, und heben Sie den rechten Arm drei Zentimeter über den Boden. Zählen Sie bis zehn, und lassen Sie den Arm danach zu Boden sinken. Wiederholen Sie dies nach einer kurzen Pause.
5. Tun Sie das gleiche mit dem linken Arm. Achten Sie darauf, daß die Anspannung nicht auf Ihren Arm beschränkt ist, sondern auch Ihren Körper erfaßt.
6. Heben Sie den Kopf drei Zentimeter über den Boden. Halten Sie ihn in dieser Position, während Sie bis zehn zählen, und lassen Sie ihn langsam wieder auf den Boden sinken. Haben Sie bemerkt, daß die Anspannung auch in anderen Körperbereichen zu spüren ist? Wiederholen Sie dies mehrmals.
7. Heben Sie ein Knie drei bis sechs Zentimeter über den Boden. Halten Sie diese Position, während Sie bis zehn zählen, und lassen Sie es anschließend wieder zu Boden sinken. Wiederholen Sie dies.
8. Tun Sie das gleiche mit dem anderen Knie.
9. Wenn Sie etwas Anstrengenderes tun wollen, können Sie beide Knie gleichzeitig leicht heben, in dieser Haltung bis zehn zählen, und die Beine wieder sinken lassen.
10. Eine noch anstrengendere Übung können Sie ausführen, indem Sie die Beine gestreckt halten und komplett vom Boden erheben, bis zehn zählen und wieder ablegen. (Wenn Sie Probleme mit den unteren Wirbeln haben, sollten Sie diese Übung vermeiden.)
11. Heben Sie Arme, Beine und Kopf gleichzeitig, um die größtmögliche Anspannung zu spüren, und entspannen Sie wieder. Dabei sollte Ihr Körper mit dem Boden verschmelzen.

Nachdem Sie diese Übung ausgeführt haben, können wir die Begriffe »Anspannung« und »Entspannung« mit einer realen Erfahrung verbinden. Wir haben *gespürt,* was damit gemeint ist. Dies ist eine Erfahrung, keine bloße Vorstellung. Sie können auch Varianten zu dieser Übung entwickeln.

STUFE I: PASSIV/AKTIV (FÜHREN ODER FOLGEN)

Das folgende Material ist so umfassend, daß ich Ihnen raten möchte, es auf drei aufeinanderfolgende Sitzungen zu verteilen. Die gesamte Übungsserie wird mit Partnern ausgeführt.

Im Liegen

1. Ein Teilnehmer liegt mit geschlossenen Augen auf dem Boden. Der Partner sitzt neben ihm.
2. Beide atmen mehrmals tief und stellen einen Einklang her.
3. Der Liegende läßt seinen Körper schwer und locker werden. Der Sitzende ergreift die Arme des Liegenden und bewegt sie langsam auf und ab, wobei er um den Körper des Liegenden geht. Der passive (liegende) Partner bleibt locker, schwer und entspannt. Lassen Sie sich vom aktiven Partner bewegen.
4. Wiederholen Sie die Bewegungen mit den Beinen und dem Kopf Ihres Partners.
5. Tauschen Sie nach zehn Minuten die Rollen, und wiederholen Sie die Übung.

Im Sitzen

1. Setzen Sie sich Ihrem Partner gegenüber.
2. Ein Teilnehmer schließt die Augen (A), der andere hält sie offen (B).
3. B beginnt, A zu führen. Bewegen Sie (B) zunächst die Arme von A. Anschließend legen Sie Ihre Hände sanft auf die Seiten des Kopfs von A. Bewegen Sie den Kopf sanft in verschiedene Richtungen. Halten Sie A an den Schultern fest, und wiegen Sie seinen Rumpf. A bleibt bei alldem entspannt und läßt sich von B führen.

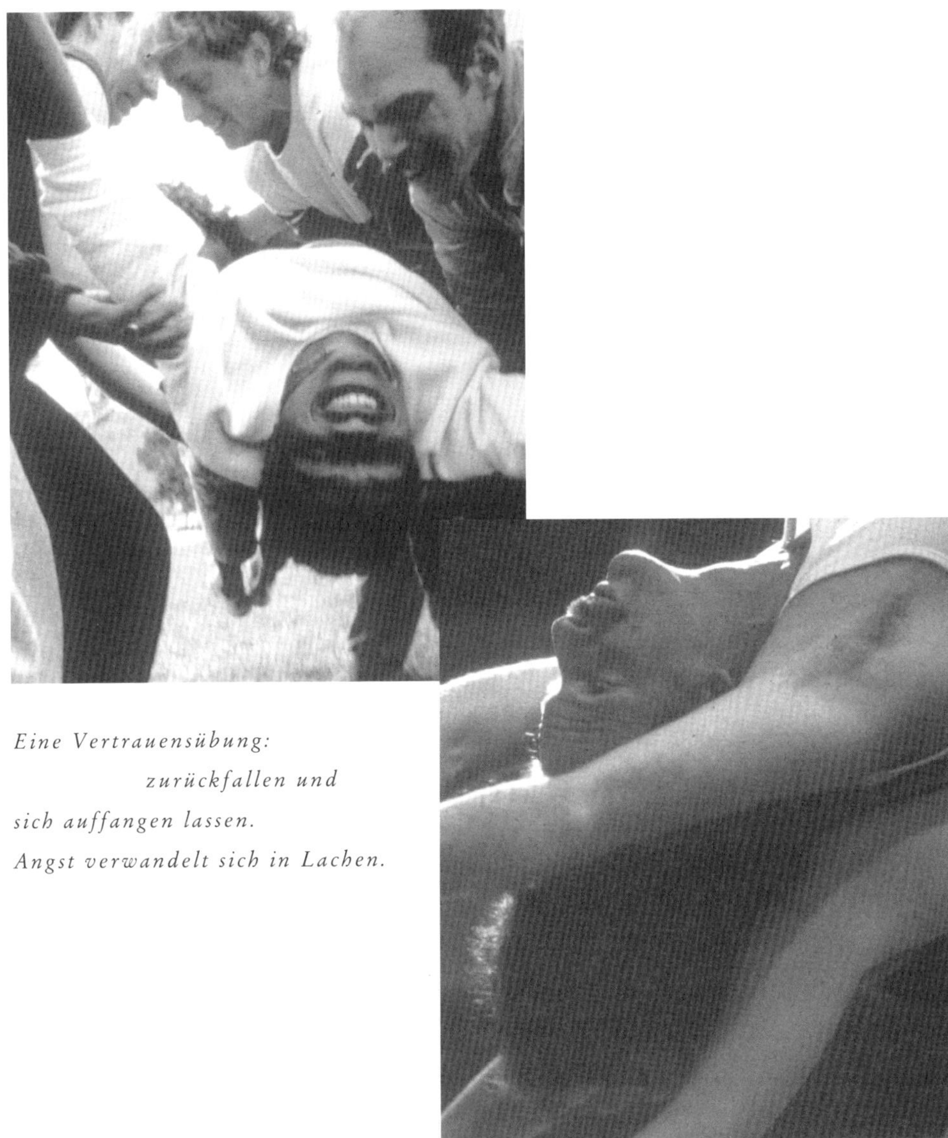

Eine Vertrauensübung:
zurückfallen und
sich auffangen lassen.
Angst verwandelt sich in Lachen.

Mit der Brust wird auch das Herz geöffnet.
Die Unterstützung eines Partners
ermöglicht es uns, unsere
normalen Grenzen zu überwinden.

4. Teilen Sie einander anschließend Gefühle und Bilder mit, die aufgetaucht sind. Wie fühlte es sich an, Empfänger zu sein? Wie war es für Sie, zu führen?
5. Tauschen Sie die Rollen, und wiederholen Sie die Übung. Wenn Sie beide Rollen erfahren haben, verfügen Sie über mehr Ressourcen, mit denen Sie arbeiten können. Fühlen Sie sich anders, wenn Ihr Partner Ihre Arme, Ihren Kopf oder Ihren ganzen Rumpf bewegt? Erfinden Sie neue Arten, Ihren Körper zu benutzen, wenn Sie die Führung haben.

Ich möchte Ihnen empfehlen, diese Übungen langsam auszuführen und darauf zu achten, daß das Bewegen verschiedener Körperteile wie des Kopfes, der Arme oder des Rumpfes unterschiedliche Gefühlsreaktionen auslöst. Vermutlich werden die Gruppenmitglieder nach diesen Übungen über verschiedene emotionale Reaktionen berichten, beispielsweise »Ich hatte Angst, loszulassen«, »Ich war nicht bereit zu vertrauen«, »Ich hatte Angst, eine Last zu sein.« Außerdem berichten Teilnehmer nach dieser Übung gewöhnlich über eine Vielzahl von Bildern: von einer Mutter, die ihr Kind führt, oder von einem Kind, das von seiner Mutter betreut wird. Alle diese Reaktionen spiegeln das Leben der Betreffenden außerhalb der Gruppe.

Eine Frau berichtete, an den Schultern gehalten zu werden habe ihr ein größeres Gefühl der Sicherheit vermittelt als das Festhalten der Hände. Wenn Sie als Gruppenleiter merken, daß irgend jemand in der Gruppe Schwierigkeiten hat loszulassen, sollten Sie bedenken, daß dies sowohl eine emotionale Reaktion sein kann als auch eine generelle Unfähigkeit loszulassen. In einem solchen Fall können Sie die Teilnehmer an die im Zustand der Entspannung auftretenden Empfindungen erinnern, die die Gruppe bereits erforscht hat. Oft sind Teilnehmer zwar emotional bereit, loszulassen, doch es ist für sie zu sehr Gewohnheit geworden, mit unaufgelösten Spannungen im Körper zu leben. Wenn man ihnen genügend Zeit läßt und sie die Übung wiederholen, erlernen sie diese Fähigkeit sehr schnell. Für viele Teilnehmer ist es eine regelrechte Offenbarung, die Unterstützung eines Partners zu spüren. Ebenso überrascht es viele, daß die Rolle des Führens kreative Möglichkeiten bietet.

Unsere persönlichen Erfahrungen aus dieser Übung können wir auf unterschiedliche Weisen mitteilen. Häufig empfehle ich, daß beide Partner das Zuhören üben und dann wiedergeben, was sie gehört haben. Ein gutes Beispiel ist die

Formulierung »Als ich ... [Bewegung] erlebte, wurde dadurch ... [Gefühl] aktiviert.« Hören Sie einfach zu, und geben Sie anschließend wieder, was Sie gehört haben, ohne Ihrem Partner Ratschläge zu erteilen oder ihn zu beurteilen. Jemand könnte beispielsweise sagen: »Als Sie mich geführt haben, hatte ich das Gefühl, Ihnen eine Last zu sein.« Statt darauf zu antworten: »So sollten Sie sich aber nicht fühlen. Sie waren keine Last für mich«, sollten Sie einfach zuhören. Wenn das Gesagte unangenehme Gefühle in Ihnen weckt, kann dies dazu verleiten, Ihrem Partner Ratschläge zu geben oder zu versuchen, »die Sache in Ordnung zu bringen«. Denken Sie daran, daß es weder ein Problem noch irgend etwas in Ordnung zu bringen gibt. Teilen Sie einfach Ihre eigenen Gefühle mit, und sagen Sie beispielsweise: »Während ich Sie führte, habe ich ein tiefes Gefühl der Wärme und Zärtlichkeit empfunden.« Das ist für Ihren Partner wichtiger als irgendeine Vorstellung, die Sie während der Übung haben mögen. Wenn wir unsere eigene Wahrheit mitteilen, ist dies ein Ausdruck von Integrität und gibt uns ein gutes Gefühl bei dem, was wir tun. Es kann für uns wichtig sein, zu hören, daß wir für jemand anderen keine Last waren. Dies kann Gründe haben, die in unserem Alltagsleben liegen – etwa, daß wir uns von Menschen in unserer Nähe abgeschnitten haben, die uns eigentlich unterstützen wollen.

Nachdem die Teilnehmer sich ausgetauscht haben, folgt der nächste Teil der Übung. Dieser wird im Stehen ausgeführt. Die Gruppenmitglieder können sich bewegen, bleiben aber an ihrem Platz stehen.

1. Bei dieser Übung spielen die Beine eine Rolle. Atmen Sie aus, und lassen Sie den Atem vom Oberkörper zum Unterkörper fließen. Halten Sie die Knie locker.
2. Die Partner, die die Führungsrolle übernommen haben, bewegen die passiven Partner auf und ab, statt sie im Raum zu bewegen. Sie können sich dem passiven Partner aus jeder Richtung nähern. Je nachdem, was Sie erreichen wollen, können Sie von hinten, von der Seite oder von vorn führen.
3. Wiederholen Sie die Übung anschließend mit vertauschten Rollen. Danach sollten Sie sich Zeit nehmen, um einander die Gefühle und Bilder mitzuteilen, die aufgetaucht sind. Sagen Sie Ihrem Partner, welche Bewegungen welche Gefühle hervorgerufen haben. Praktizieren Sie auch dabei wieder das aktive Zuhören.

Nach dieser Übung fertigen alle Teilnehmer unter dem Eindruck des Erlebten eine Zeichnung an. Einige der Fragen, die Sie stellen können, um die Teilnehmer zu Reaktionen zu animieren, könnten sein: »Wie war es für Sie, die Führung zu übernehmen?« »Wie war es für Sie, zu folgen?« »Welche Bilder sind bei Ihnen aufgetaucht?« Zeigen Sie Ihre Zeichnung beim Check-out der ganzen Gruppe. Dies wird Ihnen helfen , die Bedeutung zu verstehen, die die Antworten auf die obigen Fragen für Ihr Leben haben. Es ist erstaunlich, welche Verbindungen die Gruppenmitglieder zwischen der Bewegung und dem, was sie in ihrem Leben erfahren, entdecken.

STUFE II: PASSIV / AKTIV

Es folgen Übungen, in denen es um passive und aktive Bewegung oder um Führen und Folgen geht. Dabei werden wir untersuchen, wie wir zueinander in Beziehung treten und wie wir in Beziehungen reagieren. Außerdem gewinnen die Gruppenmitglieder einen Eindruck von ihren Rollen in Beziehungen. Sie erkennen, ob sie eher zur Aktivität oder zur Passivität neigen und welche der beiden Rollen für sie eine größere Herausforderung ist. Sie können durch die Arbeit herausfinden, wie sie sind, wie sie gern sein möchten und in welcher Weise sie sich verändern möchten. Einige dieser Erkenntnisse stehen mit ihrer Ursprungsfamilie oder Primärbeziehungen in Zusammenhang, die oft in der Beziehung zur Krankheit ausgedrückt werden.

Bewegung durch den Raum

1. Eine Person arbeitet mit geschlossenen Augen, die andere mit offenen. Die Partner stehen sich gegenüber, wobei A seine Hände auf die von B legt. A folgt, B führt. B geht langsam und setzt jeden Schritt sicher und bewußt. Wenn Sie führen, müssen Sie darauf achten, wohin Sie gehen, um nicht gegen andere Teilnehmer bzw. Wände oder Stühle zu laufen. Gehen Sie vorwärts und rückwärts im Kreis. Achten Sie darauf, ob Ihr Partner weiter atmet. A versucht unterdessen, gelassen und locker zu bleiben. Nehmen Sie sich für diese Übung so viel Zeit, wie Sie brauchen, um die Bewegung wirklich zu erleben.

2. Tauschen Sie die Rollen. Beide Partner sollten darauf achten, wie sie sich fühlen, wenn sie führen und wenn sie folgen. Bevorzugen Sie die eine oder die andere Rolle?

Nach dieser Übung versammeln sich die Gruppenmitglieder wieder im Kreis und sprechen darüber, in welchem Zusammenhang das Erlebte zu ihren Beziehungen im Alltagsleben steht. Hier ein Beispiel dafür, wie ein solches Feedback aussehen kann: Eine Frau saß mit geschlossenen Augen wie versteinert da. Sie konnte kaum noch atmen. Zunächst war ihr völlig unklar, warum sie so reagierte, doch dann erzählte sie uns, sie habe Angst, zu erblinden und von anderen Menschen abhängig zu sein. Später stellte sich heraus, daß ihr alter Vater blind war und sie viel Zeit darauf verwendete, für ihn zu sorgen. Seine Blindheit war für sie weniger ein Problem als seine allgemeine Haltung und die ständige Abhängigkeit von ihr. Durch die Übung waren die beschriebenen Gefühle bei ihr aufgetaucht.

Eine andere Teilnehmerin sagte zu Anfang der Übung, sie habe einen unüberwindbaren Widerstand gegen die Rolle der Führenden. Sie wollte sich in ihrem Leben nicht noch mehr Verantwortung aufbürden, sondern zog es vor, von jemand geführt zu werden. Ich ermutigte sie, die Übung vollständig auszuführen. Als die Rollen getauscht wurden und sie an der Reihe war, die Führung zu übernehmen, war sie überrascht darüber, wieviel Freude ihr dies bereitete. Eine andere Teilnehmerin ließ sich gerne führen, weil es sie daran erinnerte, wie ihr Vater ihr als Kind Gesellschaftstänze beigebracht hatte.

Führen Sie nach dem Check-in weitere Übungen dieser Art aus. Die Anweisungen können dabei komplexer sein. Arbeiten Sie auch in diesem Fall als passiver Teilnehmer mit geschlossenen Augen.

1. Bringen Sie Ihren passiven Partner in unerwartete Situationen. Führen Sie ihn schneller oder langsamer; halten Sie inne, und gehen Sie erneut los. Experimentieren Sie mit verschiedenen Richtungen und Geschwindigkeiten.
2. Führen Sie von verschiedenen Körperteilen aus. Experimentieren Sie. Nehmen Sie sich so viel Zeit, wie Sie brauchen.
3. Tauschen Sie die Rollen.

Diese Übung erhöht die Intensität im Raum. Wahrscheinlich wird diese Version Gelächter, Seufzen und Äußerungen der Überraschung hervorrufen. Nach dem Ende der Übung können Sie in Form einer Zeichnung zum Ausdruck bringen, wie Sie die Arbeit empfunden haben. Welche Bilder, Erinnerungen und Emotionen sind aufgetaucht?

Es folgen einige Beispiele dafür, was Menschen bei der Bewegung und beim Zeichnen entdecken. Virginia hatte Krebs an der Nasenbrücke und litt seit mehreren Jahren unter schrecklichen Kopfschmerzen und Problemen mit den Augen. Auf ihrer Zeichnung war ein großes Gesicht mit geschlossenen Augen und offenem Mund zu sehen, aus dem das Wort »Ah« kam. Außerdem hatte sie Wolken gezeichnet, die über ihre Stirn trieben. Nach der Übung fühlte sie sich entspannt und ruhig. Es hatte ihr gefallen, mit geschlossenen Augen geführt zu werden, und sie hatte sich seit Jahren nicht so gut gefühlt. Ihre Partnerin, Janice, zeichnete auf ihrem Bild zwei Gestalten. Die eine war ein zartes junges Mädchen mit einem großen roten Herz als Rumpf, von dem Blut herabtropfte. Sie nannte diese Gestalt »blutendes Herz«. Die zweite Gestalt hatte Flügel. Virginia nannte sie »Schutzengel«. Obwohl sie nicht wissen konnte, was ihre Partnerin ihr gegenüber empfand, spürte sie auf einer tiefen kinästhetischen Ebene, daß sie von einem Schutzengel geführt wurde.

STUFE III: VERSCHMELZEN

In diesem Abschnitt werden die Metaphern der passiven und der aktiven Bewegung behandelt. Die beiden Bewegungsarten sollen miteinander verbunden werden. Dabei geht es um eine gemeinsame Bewegung, bei der keiner der beiden Partner eindeutig die Rolle des Führenden oder des Folgenden übernimmt. Es ist ein merkwürdiges und unerklärliches Phänomen, daß sich zwei Menschen bewegen, indem sie sich auf die kleinsten gemeinsamen Bewegungen konzentrieren und dabei fließen, als ob sie von einer äußeren Kraft bewegt würden. Komplexere Bewegungen werden ebenfalls möglich, sobald zwischen den beiden Partnern Einklang entstanden ist. Die Resultate sind in jedem Fall harmonisch und friedlich, selbst wenn die Energie beider Partner sehr stark ist. Die beste mir bekannte Methode, dies zu lehren, besteht darin, diesen Vorgang durch eine nonverbale

Demonstration mit einem Partner zu vermitteln. Als Gruppenleiter können Sie dazu einen Assistenten oder einen Teilnehmer wählen.

1. Spiegeln Sie die Bewegungen Ihres Partners, ohne daß Sie oder der Partner die Führung übernehmen.
2. Um mit der anderen Person zu verschmelzen, müssen Sie ständig präsent bleiben. Wenn Sie auch nur einen Augenblick in Ihrem Gewahrsein nachlassen, unterbrechen Sie den Kontakt zu Ihrem Partner.
3. Setzen Sie diesen Tanz fort, bis die Gruppenmitglieder müde sind. Zum Abschluß wird über das Erlebte gesprochen.

Das Verschmelzen mit einer anderen Person ist ein hochinteressantes Erlebnis. Dies fanden alle Mitglieder einer Gruppe, die diese Übung ausführte. Sandy beispielsweise fühlte sich zunächst sehr wohl, doch dann merkte sie, daß Traurigkeit in ihr auftauchte. Sie erzählte, ihr werde nun klar, daß sie die Verbindung zu ihrem Partner unterbrochen habe, weil dieser sie in einer bestimmten Situation, in welcher ihr Kampf gegen den Krebs sie sehr empfindlich gemacht hatte, zu stark unter Druck gesetzt hätte. Sie sehnte sich danach, in ihrem Leben öfter die Erfahrung des Verschmelzens zu machen. Dies war ihr vorher nicht klar gewesen; nun erfüllte es sie mit Traurigkeit. Dieses Beispiel veranschaulicht, wie Menschen durch die Metaphern der Bewegungsübungen lernen können, eine Beziehung in ihrem Alltagsleben zu verstehen.

Eine andere Reaktion auf diese Übung war folgende Äußerung: »Als wir die Übung beendet hatten, waren mein Partner und ich überrascht und erfreut darüber, daß wir beide genau das gleiche Bild gesehen hatten, nämlich einen Wasserfall. Dies war ein heilendes Erlebnis für uns beide. Wir wissen nicht, wie es kam, daß wir beide das gleiche Bild hatten, denn wir haben bis zu diesem Augenblick nicht darüber gesprochen.« Eine Teilnehmerin fühlte sich wie ein Kind, das von seiner Mutter gehalten wird, und gleichzeitig wie eine Mutter, die ihr Kind hält. Eine andere fühlte sich sehr entspannt und voller Energie. Sie befand sich in einem tranceartigen Zustand und hatte das Gefühl, gleichzeitig innerhalb und außerhalb ihres Körpers zu sein. Dies war eine neuartige und aufregende Erfahrung für sie.

In der nächsten Woche berichtete uns diese Frau, wie sie die Übung in ihrem normalen Alltag angewendet hatte. Die Beziehung zu ihrer Mutter war angespannt und konfliktreich. Eines Tages hatte ihre Mutter gesehen, wie sie einige

Wenn zwei Personen gleichzeitig aktiv sind, kommt der Aspekt der Entschlossenheit ins Spiel, aber auch ein spielerisches Element.

Bewegungen übte, die sie in der Gruppe erlernt hatte, und die Mutter hatte wissen wollen, was ihre Tochter da tat. Carol hatte ihr daraufhin vorgeschlagen, die Bewegungen mit ihr gemeinsam auszuführen. Sie hatte ihre Hände ausgestreckt, um die Mutter zum Mitmachen einzuladen. Die Tochter hatte Musik aufgelegt und ihre Mutter zu einem Tanz geleitet, der sich aus dem Verschmelzen entwickelte. Carol erzählte ergriffen, dies sei das liebevollste Erlebnis, das sie jemals mit ihrer Mutter gehabt hätte. Die Bewegungen hatten es beiden ermöglicht, über ihre Probleme in der verbalen Kommunikation hinwegzukommen und in jenes Zentrum der Wärme und Liebe zu gelangen, das zwischen ihnen existierte.

STUFE IV: AKTIV/AKTIV

Diese letzte Beziehungsübung erfordert die Zeit einer ganzen Gruppensitzung. In ihr sind zwei Personen gleichzeitig aktiv. Es ist möglich, dieses neue Element mit den übrigen zu verbinden. Beispielsweise kann eine Person eine andere führen, doch dann wechselt letztere in die aktive Rolle des Führenden, und beide versuchen, gleichzeitig zu führen. Dadurch kommen Konflikt, Herausforderung, Entschlossenheit und Wut ins Spiel, aber auch ein spielerisches Element, starke Energie, Humor und überschwenglicher Wille können zum Ausdruck gelangen. Diese Übung kann uns mit dem positiven Aspekt von Selbstsicherheit in Beziehungen bekannt machen.

1. Legen Sie Ihre Hände gegen die Ihres Partners, und beginnen Sie, leicht zu drücken. Verstärken Sie den Druck allmählich, bis Sie den größtmöglichen Druck ausüben.
2. Erforschen Sie, wie Sie mit Hilfe verschiedener Körperteile Druck ausüben können: Drücken Sie Hüfte gegen Hüfte, Rücken gegen Rücken usw.
3. Wechseln Sie nun zum Ziehen über. Beginnen Sie auch hier wieder sanft, und steigern Sie den Kraftaufwand ganz allmählich.

Eine weitere Aktivität, die erforscht werden kann, ist rhythmisches Klatschen.

1. Eine Person gibt einen Rhythmus vor.
2. Der Partner antwortet mit einem anderen Rhythmus.
3. Greifen Sie den Rhythmus Ihres Partners auf.

Jede konträre Bewegungsmöglichkeit kann benutzt werden, um die Aktiv/Aktiv-Dynamik zu erforschen. Auf diese Weise können die Gruppenteilnehmer sich mit der Anspannung und Dynamik beschäftigen, die in Beziehungen erfahren werden, und diese durch kreative Bewegung zum Ausdruck bringen.

1. Ein Partner bewegt sich in eine Richtung, der andere in die entgegengesetzte. Wiederholen Sie dies in verschiedenen Variationen.
2. Eine Person bewegt sich aufwärts, die andere abwärts.

ZEICHNEN SIE IHRE BEZIEHUNGEN

Zum Schluß dieser Übungsserie, die der Erforschung von Beziehungen dient, können die Gruppenmitglieder eine Zeichnung anfertigen, die zeigt, wie sie sich eine ideale Beziehung vorstellen. Die folgenden Fragen sollen Ihre Gedanken anregen, bevor Sie die Zeichnung beginnen:

- Wovon möchten Sie gern mehr haben?
- Wovon hätten Sie lieber weniger?
- Was bekommen Sie, das Sie nicht haben wollen?
- Was wünschen Sie sich, das Sie nicht bekommen?

Denken Sie über diese Fragen nach, und lassen Sie sich durch die auftauchenden Gedanken beim Zeichnen und später bei der Entwicklung eines darauf basierenden Tanzes inspirieren. Auf diese Weise könnte eine interessante Choreographie entstehen. Ein Gruppenmitglied kann die Rolle Ihres Lebenspartners übernehmen, und Sie könnten Ihren Partner anleiten, die passiven und aktiven Elemente zu nutzen. Die gemeinsame Arbeit an diesen Tänzen eröffnet häufig neue Möglichkeiten. Es kommt zu konstruktiven Veränderungen, die uns helfen, besser zu verstehen, was wir tatsächlich wollen oder wie wir uns dabei selbst im Weg stehen.

ZUSAMMENFASSUNG

In dieser Serie wird mit Metaphern der passiven und aktiven Bewegungen die Thematik der Beziehungen erforscht. Jede Sitzung sollte mit einem Check-in beginnen, an den sich Übungen zur Stärkung des sensorischen Gewahrseins anschließen. Dadurch lernen die Teilnehmerinnen, den Unterschied zwischen Anspannung und Entspannung zu spüren. Die Unfähigkeit, diese beiden Zustände zu erkennen, entscheidet häufig darüber, in welchem Maße wir passiv oder aktiv sein können.

Anschließend sollten Partnerübungen zum Thema der passiven und aktiven Bewegungen stattfinden. Tauschen Sie bei diesen Übungen nach einer Weile die Rollen, damit die Teilnehmer sich aus beiden Perspektiven erleben. Außerdem sollten die Gruppenmitglieder genügend Zeit für die Anfertigung ihrer Zeichnung erhalten, und nach jedem wichtigen Arbeitsabschnitt sollte eine Feedback-Runde durchgeführt werden. In dieser können die Teilnehmer ihre persönlichen Erlebnisse mitteilen und sich anhören, was ihre Partner erlebt haben. Wie in allen Gruppensitzungen sollten auch hier die Teilnehmer das aktive Zuhören praktizieren, wenn andere Gruppenmitglieder berichten.

ARBEITSPLÄNE

4. Sitzung: Gebet

Auch jenes Leiden, das ich euch und den übrigen am Tanz Beteiligten gezeigt habe, soll als Geheimnis bezeichnet werden.

HYMN OF JESUS, *Acts of St. John*

In dieser Sitzung geht es darum, daß wir unsere Gebete tanzen. Wir erforschen, wie, wann, wo und warum wir beten, und erfahren die Verbindung zwischen Gebet und Heilung. Wann haben Sie das letzte Mal gebetet? Wie war das für Sie? Zu wem haben Sie gebetet? Warum haben Sie gebetet? Wann haben Sie Ihre Gebete zum letzten Mal getanzt? Wenn ich an das Beten denke, tauchen viele Eindrücke in mir auf. Unter anderem fällt mir eine wunderschöne mythologische Geschichte ein, die mein Freund Rabbi Brodie mir erzählt hat.

»Am Anfang war Gott überall. Gott befand sich im ganzen Kosmos. Dann wollte Gott die Welt erschaffen und sie mit lebenden Wesen besiedeln. Deshalb mußte Gott Raum schaffen. Als sie beiseite trat, hinterließ sie Funken ihres Geistes, die in der Leere dahintrieben. Dies war ihr Geist der Güte, der Gnade, des Vergebens und der Liebe. Als sie Gefäße aller Art für die gesamte lebende Materie schuf, wurden die dahintreibenden Funken darin aufgenommen. Als die Menschen der Welt zu leben begannen, wurden die Gefäße durch Kriege, Grausamkeit, Leiden und menschliche Gier getrübt, wodurch die Erde verunreinigt wurde und die Menschen sich gegeneinander erhoben. Die Funken leuchteten nicht mehr durch die Gefäße. Gebet ist eine Möglichkeit, die Gefäße wieder so aufleuchten zu lassen, daß die ganze Welt und alle in ihr lebenden Geschöpfe hell erscheinen.«

Auch der folgende Bericht aus dem Buch *The Cancer Puzzle* (»Das Krebsrätsel«) bestätigt den Wert des Gebets: »In einem vielbeachteten Experiment gewann der Kardiologe Randolph Byrd, der am San Francisco General Hospital arbeitet, Menschen aus allen Regionen der USA, die für etwa die Hälfte der 393 in seiner Abteilung betreuten Patienten beten sollten. Die Patienten hatten entweder bereits einen Herzinfarkt erlitten oder klagten über starke Brustschmerzen. Bei diesem Doppelblindtest wußten weder die Patienten noch die Ärzte, für wen die Teilnehmer beteten. Die Patienten, für die gebetet wurde, schnitten bei mehreren Untersuchungen besser ab als die übrigen. In der erstgenannten Gruppe gab es weniger Todesfälle, die Patienten benötigten weniger häufig starke Medikamente, und bei keinem von ihnen war eine mechanische Atemhilfe erforderlich. Diese

Untersuchung veranschaulicht, daß die Wirkung des Gebets in einem klinischen Zusammenhang ähnlich getestet werden kann wie ein neues Medikament oder eine neuartige Operationstechnik.«

DER ANFANG

Diese Sitzung kann an jedem beliebigen Ort stattfinden, doch sollten Sie sich darüber im klaren sein, daß die Umgebung einen starken Einfluß auf die Arbeit hat. Denken Sie an all die Stätten, die Menschen für das Gebet erbaut haben – Kathedralen, Klöster, Tempel, Synagogen und Moscheen und die bescheidenen unterirdischen Kivas. Ich habe an Gebetsversammlungen in Garagen, in Slums, in freier Natur, am Meer und am Tisch meines Hauses teilgenommen. Menschen können überall beten, und sie tun dies auch. Jeder Ort kann zu einem transformierenden Raum werden.

Ich möchte Ihnen empfehlen, den Raum für diese Sitzung mit besonderer Sorgfalt vorzubereiten. Fordern Sie die Gruppenmitglieder auf, sich an der Gestaltung zu beteiligen. Beziehen Sie diese Vorbereitungsarbeit in die Sitzung ein. Informieren Sie die Teilnehmer schon im voraus, daß es in der kommenden Sitzung um das Gebet gehen wird, und besprechen Sie mit ihnen, wie der Raum gestaltet werden sollte und welche Vorstellungen sie mit dem Gebet verbinden. Vielleicht möchten sie zu diesem Anlaß heilige Objekte oder andere persönliche Dinge mitbringen. Vielleicht möchten sie sich auf eine ganz bestimmte Weise kleiden. Vielleicht möchten sie einen Altar errichten oder die vier Himmelsrichtungen kennzeichnen. Wenn Sie auf die Vorbereitung zu sprechen kommen, werden die Teilnehmer gewiß zahlreiche Ideen beisteuern.

Nach ihrem Eintreffen sollten Sie den Gruppenmitgliedern Zeit lassen, den Raum herzurichten und sich auf die Sitzung vorzubereiten. Versammeln Sie die Gruppe zunächst zum Check-in. Wenn Sie sich über die Stimmung im klaren sind, können Sie entscheiden, ob Sie die Übungen zur Stärkung des sensorischen Gewahrseins mit einer Atem- oder einer Pulsübung beginnen wollen. Im folgenden wird eine Gewahrseinsübung beschrieben, die beide Aspekte umfaßt. Da das eigentliche Thema der Sitzung viel Zeit erfordert, sollten Sie diesen Teil möglichst kurz halten.

SENSORISCHES GEWAHRSEIN

1. Suchen Sie sich einen Platz zum Stehen.
2. Spüren Sie, wie sich das Gewicht Ihres Körpers auf die Fußsohlen verteilt. Verlagern Sie das Körpergewicht von vorn nach hinten und von einer zur anderen Seite.
3. Atmen Sie aus, und stellen Sie sich vor, daß Ihr Körpergewicht in Ihre Füße sinkt und sogar noch tiefer, in die Erde. Machen Sie eine lange Pause. Imaginieren Sie anschließend eine Bewegung, die am untersten Punkt Ihrer Füße beginnt, und strecken Sie dabei Ihre Ellbogen, Unterarme, Hände und Finger zum Himmel. Anschließend lassen Sie die Arme wieder fallen.
4. Senken Sie den Kopf, so daß Ihr Kinn auf der Brust ruht. Lassen Sie den Kopf noch tiefer sinken, und stoßen Sie, während Sie ihn wieder aufrichten, einen Seufzer aus. Werden Sie sich der Dehnung in Ihrem Nacken bewußt. Atmen Sie tief, und entspannen Sie sich. Überlassen Sie das Gewicht Ihres Kopfes der Schwerkraft, und beugen Sie sich ganz langsam nach unten. Dehnen Sie einen Wirbel nach dem anderen. Legen Sie den Schwerpunkt der Atmung auf das Ausatmen, und seufzen Sie bei jedem Ausatmen.
5. Nachdem Ihr Kopf zum Becken gelangt ist, beugen Sie die Knie, und lassen Sie die Arme vor dem Körper baumeln.
6. Spüren Sie jeden einzelnen Wirbel vom Steiß bis zum Atlas, dem obersten Punkt Ihres Halses.
7. Kehren Sie die beschriebene Bewegung um, und bringen Sie Ihren Kopf wieder in eine aufrechte Position. Bewegen Sie langsam Wirbel für Wirbel. Legen Sie den Schwerpunkt auf das Einatmen, und vergegenwärtigen Sie sich eine zunehmende Leichtigkeit in Ihrer Wirbelsäule.
8. Wiederholen Sie die beschriebene Bewegung mit einem Partner, der hinter Ihnen steht und die Aufrichtung Ihrer Wirbelsäule begleitet, indem er einen Wirbel nach dem anderen berührt. Stellen Sie sich die Wirbel wie Tasten eines Klaviers vor, auf denen Ihr Partner die Tonleiter auf- und abwärts spielt. Seien Sie so präzise wie möglich.
9. Nachdem Sie sich wieder in der aufrechten Position befinden, lenken Sie die Aufmerksamkeit auf Ihren Kopf und lassen Ihre Energie in den Himmel über Ihnen aufsteigen.

10. Tauschen Sie mit Ihrem Partner die Rolle.

Diese Übung zur Schulung des sensorischen Gewahrseins ruft auch Empfindungen und Bewegungen hervor, die nützliche Ressourcen für spätere Tänze sind. Dies ist ein gutes Beispiel für die Übereinstimmung zwischen Bewegung und Gefühlen. Das Aufrichten der Wirbelsäule erzeugt bei den Teilnehmern gewöhnlich auch »emporstrebende« bzw. »erhobene« Gefühle.

BEWEGUNGSRESSOURCEN

1. Wiederholen Sie selbständig die gleichen Bewegungen wie in der vorigen Übung, und konzentrieren Sie sich diesmal auf das Gefühl, das durch die Bewegung hervorgerufen wird.
2. Halten Sie inne, und erforschen Sie die Gefühle, die an verschiedenen Stellen Ihrer Wirbelsäule auftreten.
3. Verändern sich Ihre Gefühle, während Sie sich aufrichten? Und wenn ja, wie? Nehmen Sie sich so viel Zeit, wie Sie brauchen. Verändern sich Ihre Gefühle, wenn Sie vornübergebeugt stehen?
4. Verweilen Sie bei jeder Frage, und erforschen Sie Ihre Bewegungen und Gefühle.
5. Experimentieren Sie mit mindestens fünf verschiedenen Positionen.
6. Achten Sie auf die Beziehungen zwischen Ihrer Bewegung und Ihren Gefühlen. Tauchen irgendwelche Bilder auf?
7. Fügen Sie dem, was Sie empfinden, Geräusche, Wörter und Armbewegungen hinzu.
8. Beugen Sie sich bis auf den Boden, wenn die Bewegung Sie dorthin führt. Bewegen Sie sich im Raum vorwärts oder rückwärts, wenn die Bewegung und Ihre Gefühle Sie dorthin geleiten.
9. Kontrahieren und expandieren Sie Ihre Bewegungen, indem Sie unterschiedlich viel Kraft aufwenden.

Folgen Sie als Gruppenleiter der Gruppe, und entscheiden Sie aufgrund des Engagements der einzelnen Gruppenmitglieder, wieviel Zeit Sie auf diese Übung verwenden sollten. Bei Musik empfiehlt es sich, Stücke zu meiden, mit denen manche Menschen starke Assoziationen verbinden, beispielsweise das berühmte Ave Maria von Charles Gounod nach einem Präludium von J. S. Bach. Wenn Musikstücke den Teilnehmern zu vertraut sind, besteht die Gefahr, daß sie sich stärker an der Musik als an ihren eigenen Impulsen orientieren. Nach der Übung sollte eine Pause folgen. Diese können Sie auf unterschiedliche Weisen gestalten. Da diese Sitzung sich nach innen orientiert und eine starke Wirkung hat, können Sie den Teilnehmern empfehlen, während der Pause zu schweigen, etwas in ihr Tagebuch zu schreiben oder mit einem Partner über die Erfahrungen zu sprechen. Bitten Sie, die Stimmung, die durch die Arbeit entstanden ist, während der Pause aufrechtzuerhalten.

DER PULS

Nachdem die Gruppe aus der Pause zurückgekehrt ist, sollten Sie aus zwei Gründen eine pulsierende Bewegung improvisieren: erstens um den Körper zu aktivieren, und zweitens um den Teilnehmern zu demonstrieren, daß freudige Äußerungen ebenso für das Gebet genutzt werden können wie nach innen fokussierte ruhige Bewegungen.

1. Machen Sie es sich bequem, und schließen Sie die Augen. Nehmen Sie sich einige Augenblicke Zeit, um eine Verbindung zu Ihrem Atem herzustellen und Ihren Geist zu leeren.
2. Lassen Sie aus diesem ruhigen Raum ein Bild auftauchen. Dieses kann aus den unterschiedlichsten Quellen stammen: aus einer Neigung Ihres Kopfes oder der Form Ihrer Hand ebenso wie aus dem Empfinden des »göttlichen Funkens« in Ihrem Inneren. Zu wem beten Sie? Um was beten Sie? Aus Ihrer Stille wird sich Ihnen ein Bild offenbaren.
3. Zeichnen Sie dieses Bild.
4. Schreiben Sie ein Gedicht, ein Lied, ein einzelnes Wort oder einen Satz.
5. Teilen Sie einem anderen Teilnehmer mit, was Sie hervorgebracht haben.

Anflehen einer höheren Macht – »An wen kann ich mich wenden, um Hilfe zu bekommen? Warum hast du mich verlassen?«

TANZEN SIE IHR GEBET

Wir sind nun bereit, unsere Tänze auszuführen. Fragen Sie die Gruppe, ob sie zur Unterstützung Musik hören möchte oder dies als Ablenkung empfindet. Probieren Sie beides aus. Gewöhnlich wünschen sich die Teilnehmer Musik. Geben Sie ihnen so viel Zeit, wie sie brauchen. Ermutigen Sie die Tänzer, jedem Resultat gegenüber offen zu sein, ganz gleich, wie sehr es von dem abweicht, was sie sich vorgestellt hatten. Dieser Tanz kann zwischen 10 und 20 Minuten dauern. Eine Gruppe führte zunächst individuelle Gebetstänze aus, fand dann auf natürliche Weise zu kleinen Gruppen zusammen und tanzte schließlich mit der gesamten Gruppe ein kollektives Gebet.

Nach dem gemeinsamen Tanz zeigen wir unsere Zeichnungen und sprechen über unsere Erlebnisse. Unter der Zeichnung von Dennis stand das Wort »Dankbarkeit«. Dennis hatte durch seine Krankheit große Schwierigkeiten. Der Krebs hatte sich im ganzen Körper ausgebreitet. Er war Vater von zwei kleinen Jungen. Trotz all seines Leidens fand er noch Dankbarkeit. Auf seiner Zeichnung war ein Ball aus leuchtend orange und gelber Farbe zu sehen. Sein Tanz war sanft und ehrfurchtsvoll gewesen. Die Bilder der Teilnehmer waren alle einzigartig, und ebenso verhielt es sich mit den Bedeutungen, die sie den Bildern gaben, und mit der Art, wie sie tanzten. Doch war allen ein tiefes Gefühl der Ehrfurcht und ein Geist der Leidenschaft gemeinsam. Die Struktur dieser Sitzung und die darin verwendeten Unterstützungen können minimal sein, weil das Bedürfnis zu beten bei den meisten Menschen so stark ist, daß es ihnen leichtfällt, sich darauf zu konzentrieren.

Nach dem Gebetstanz wird der zuvor errichtete Altar schweigend abgebaut und der Raum wieder in seinen vorherigen Zustand versetzt. Nutzen Sie auch diese Aktivität als Erinnerung an das Gebet. Der Abschluß der Sitzung sollte wie folgt aussehen:

1. Lassen Sie die Gruppe sich in einem Kreis hinsetzen. Die Teilnehmer geben sich die Hände und schließen die Augen.
2. Alle atmen aus und lassen einen leisen Klang ertönen.
3. Die Teilnehmer hören einander zu und stimmen ihren Ton aufeinander ab.
4. Der Klang entwickelt sich und bringt zum Ausdruck, wie sich die Gruppe als Ganzes fühlt.

Oft dauert es eine Weile, bis ein solcher Gesang zum Abschluß gelangt. Geben Sie ihm viel Raum. Nachdem er zu Ende gegangen ist, berühren Sie schweigend die Erde und strecken die Arme und die Brust zum Himmel empor. Wenn ein Teilnehmer besonderer Aufmerksamkeit bedarf, kann er in die Mitte des Kreises gebeten werden. Dies kann während des Gesangs geschehen, so daß der Betreffende die Schwingungen der Gruppe in sich aufnehmen kann.

Früher habe ich mich gescheut, über diese besondere Art von Gebet zu sprechen, weil ich Angst hatte, es würde bei der Beschreibung seine Heiligkeit verlieren. Gebete erschienen mir als etwas Ungreifbares, als etwas, das ich nicht wie andere Dinge analysieren konnte. Vielleicht bin ich durch die Konfrontation mit meiner eigenen Sterblichkeit – zuerst durch meine eigene Krebserkrankung und jetzt aufgrund meines Alters – in der Lage, das ehrfurchtgebietende Mysterium des Lebens und des Todes zu akzeptieren und darüber zu sprechen. Und auch Sie können dies, ohne so lange zu warten wie ich.

ZUSAMMENFASSUNG

Bereiten Sie den Ort, an dem die Sitzung stattfinden soll, auf das Gebet vor. Fordern Sie die Gruppenmitglieder auf, für diese Sitzung spezielle Vorbereitungen zu treffen. Beginnen Sie mit einer Übung zur Stärkung des sensorischen Gewahrseins, bei der es um das Beugen und Aufrichten der Wirbelsäule geht. Verbinden Sie diese Bewegung anschließend mit den auftauchenden Gefühlen, Emotionen und Bildern. Dies ist die Bewegungsressource für den Gebetstanz. Lassen Sie die Gruppe nach dieser Übung eine Zeichnung anfertigen und anschließend mit dem Partner darüber sprechen. Dann tanzen alle Teilnehmer ihre Gebete. Ob sie dabei Musikbegleitung wünschen oder nicht, können sie selbst entscheiden. Wenn die Gruppe gemeinsam tanzen möchte, sollten Sie diesem Wunsch nachkommen. Schließen Sie die Sitzung mit einem nonverbalen Check-out. In dieser Situation ist es für alle das Beste, zu summen und zu singen.

Die Umgebung auf das Gebet vorbereiten.

ARBEITSPLÄNE

5. Sitzung: Das Drama des Immunsystems

AUS MEINEM BLUT, MEINEM KÖRPER, MEINEM GEIST,
HERAUS, HERAUS, HERAUS!

... Mit wachsendem Enthusiasmus beschrieb er, was Welse tun ... Im Gegensatz zu anderen, aggressiveren Fischen durchsuchen sie mit ihren Kiemen den Sand, trennen Eßbares von Abfall und essen, was die Lebewesen im Aquarium nicht mehr benötigen. Sie schlafen nie. Sie sind in der Lage, viele schnelle und akkurate Entscheidungen zu treffen ... Er nannte Wörter wie »unterscheidungsfähig, wachsam, unfehlbar, sorgfältig, beharrlich«.

Und »vertrauenswürdig« ... Wir sprachen eine Zeitlang über das Immunsystem. Er hatte nicht gewußt, daß die DNS jeder unserer Milliarden von Zellen eine spezielle Signatur besitzt, eine Art persönliches Logo. Unsere Immunzellen können unser eigenes DNS-Logo erkennen, und sie verzehren jede Zelle, die nicht diese Kennzeichnung aufweist. Das Immunsystem schützt unsere Identität auf Zellebene. Es patrouilliert ständig an der Grenze zwischen Ich und Nicht-Ich und unterscheidet, was Ich und was Nicht-Ich ist, ohne jemals zu schlafen. Krebszellen haben ihr DNS-Logo verloren. Das gesunde Immunsystem greift sie an und zerstört sie. In der Tat hatte sein Unbewußtes ihm ein äußerst akkurates Bild vom Immunsystem vermittelt.

RACHEL REMEN, *Kitchen Table Wisdom*

WAS IST KREBS?

Die Zellularbiologie hat herausgefunden, daß Krebszellen schwache und verwirrte Zellen sind. Eine Krebszelle ist keineswegs ein starkes, wildes Raubtier, wie wir manchmal glauben, sondern enthält eine genetische Information, die die ihr zugedachte Funktion vereitelt. Die fehlerhafte genetische Information entsteht durch den Kontakt mit schädlichen Stoffen oder aufgrund äußerer Ursachen. Manchmal erzeugt der menschliche Körper, der ja ständig Milliarden von Zellen produziert, eine unvollkommene. Beginnt eine Zelle mit unkorrekter genetischer Information sich zu vermehren, entsteht ein Tumor (oder eine ganze Gruppe von Tumoren). Normalerweise erkennt und zerstört das Immunsystem, das natürliche Abwehrsystem des menschlichen Körpers, entartete Zellen. Doch wenn eine bösartige Krebszelle größer wird, finden zahlreiche Veränderungen statt, die es den betreffenden Zellen ermöglichen, sich schnell zu vermehren und mit gesunden Zellen im gesamten Körper zu verbinden. Sind wir gesund, kommunizieren unsere Zellen miteinander. Entartete Zellen reagieren jedoch nicht auf die Botschaften der gesunden Zellen und vermehren sich rücksichtslos. Dies beeinträchtigt das Immunsystem und die gesunden Körperfunktionen. Die fehlerhaften Zellen des Tumors stören die Funktionsfähigkeit der Organe, entweder indem sie sich ausdehnen und Druck auf eigentlich gesunde Organe ausüben, oder indem schadhafte Zellen an die Stelle von gesunden treten. Bei schweren Formen von Krebs lösen sich entartete Zellen vom ursprünglichen Tumor und wandern in andere Körperbereiche, wo sie neue Tumoren bilden. Diese werden Metastasen genannt.

Das Immunsystem ist ein natürliches Abwehrsystem des Körpers, das die Aufgabe hat, Krebszellen und andere körperfremde Zellen, die unsere Gesundheit gefährden, zu eliminieren. Wir brauchen unser Immunsystem, um stark und anpassungsfähig zu bleiben. In dieser Sitzung geht es darum, wie wir zu diesem wichtigen System unseres Körpers in Beziehung treten und uns damit identifizieren können. Ärzte und andere Heilkundige haben festgestellt, daß eine bewußte Beziehung zum Immunsystem dessen Stärke positiv beeinflußt. Auf einer tiefen, unbewußten Ebene haben wir bereits eine Beziehung zu diesem System. Wir werden in dieser Sitzung versuchen, diese bereits existierende Beziehung durch expressive Bewegung und durch unsere bildliche Vorstellungskraft zu verstärken.

Die wissenschaftlichen Erkenntnisse über das Immunsystem sind nahezu unüberschaubar, und sie werden ständig revidiert und erweitert. Die zahlreichen Artikel und Bücher zu diesem Thema liefern uns hochinteressante und nützliche Informationen. Ich lege Ihnen ans Herz, sich gründlich damit zu befassen. Der Tanz als heilende Kunst profitiert von den Verbindungen zwischen Emotionen und Geisteshaltungen sowie deren Auswirkungen auf das Immunsystem.

Wenn das Immunsystem aktiv wird, erfüllt jede seiner Zellen im Rahmen eines erstaunlich gut organisierten Teams eine besondere Funktion. In dieser Sitzung werden wir die Funktionsweise des Immunsystems mit schauspielerischen Mitteln darstellen und nach einem Bild suchen, das unser subjektives Erleben dieser unsichtbaren physischen Prozesse, die ununterbrochen in unserem Körper stattfinden, intensiviert. Wir beginnen mit dem Check-in und führen anschließend Übungen zur Stärkung des sensorischen Gewahrseins und zur Erweiterung unserer Bewegungsressourcen durch.

SENSORISCHES GEWAHRSEIN – *Entspannung und Kraftzuwachs*

1. Schütteln Sie Ihre Hände, Beine und Arme. Achten Sie auf Ihre Empfindungen.
2. Springen Sie, oder schütteln Sie sich wie eine Stoffpuppe. Spüren Sie Ihre Knochen und Gelenke.
3. Lassen Sie beim Springen und Schütteln Geräusche ertönen, die in einer Verbindung zu Ihren Bewegungen stehen.
4. Erforschen Sie die Verbindung zwischen Bewegung und Geräuschen, bis Sie eine Erholungspause machen möchten.
5. Dehnen Sie den Körper, und entspannen Sie sich. Lassen Sie beim Ausatmen ein lautes Atemgeräusch ertönen.

ZUSAMMENARBEIT

Jede spielerische Struktur, die Energie mobilisiert und die Zusammenarbeit im Team fördert, eignet sich für diesen Zweck. Es gibt Spiele, die das Gewahrsein stärken, und andere, wie beispielsweise Tauziehen, die Kraft und Entschlossenheit mobilisieren. Sie können aber auch irgendein anderes Spiel verwenden, das Ihnen besonders gut gefällt.

TAUZIEHEN

1. An den Enden eines Seils zieht jeweils ein Gruppenmitglied. Die Teilnehmer setzen beim Ziehen die Stimme ein und achten darauf, daß ihr ganzer Körper mobilisiert wird.
2. Allmählich unterstützen die restlichen Teilnehmer die beiden Kämpfenden, wodurch das Ganze zu einer Teamübung wird. Wenn es Gruppenmitgliedern an körperlicher Kraft fehlt, können sie die Mitglieder ihres Teams mit der Stimme anfeuern.

Nachdem Sie dieses Spiel beendet haben, empfehle ich Ihnen die folgende Übung zur Aktivierung von Bewegungsressourcen.

BEWEGUNGSRESSOURCEN

1. Die Teilnehmer gehen zunächst durch den Raum und nehmen Augenkontakt zu allen Anwesenden auf.
2. Kreuzen Sie nun den Weg der anderen Teilnehmer.
3. Schauen Sie sich beim Gehen um.
4. Patrouillieren Sie durch den Raum.
5. Streifen Sie neugierig umher.
6. Bewegen Sie sich so, als hielten Sie nach einer Gefahr Ausschau.
7. Legen Sie ein großes Kissen oder ein anderes weiches Objekt auf den Boden. Dieses repräsentiert eine Gruppe von Krebszellen.
8. Nacheinander nähern sich die Teilnehmer und versuchen mit Bewegungen und Geräuschen, die Zellen anzugreifen, zu eliminieren, umzuwandeln, zu zerstören oder niederzumetzeln. Sie können jede beliebige Strategie anwenden, um die Bösartigkeit der Zellen zu neutralisieren.
9. Drücken Sie durch Ihre Bewegungen aus, was Sie angesichts der Krebszellen empfinden. Setzen Sie dazu auch Ihre Stimme ein. Verhalten Sie sich so aufrichtig und überzeugend, wie Sie können.

Nach dieser Übung kommt es zwischen den Gruppenmitgliedern regelmäßig zu Gesprächen über ihre Einstellung zu Krebszellen. Unsere Haltung bei der Ausführung der Übung zeigt, wie entschlossen wir sind, die Krebszellen zu eliminieren oder zu zerstören, und welche Strategien wir dabei anwenden. Der Gruppenleiter sollte allen Teilnehmern helfen und sie ermutigen, möglichst effektive Bewegungen auszuführen. Manche Menschen haben etwas dagegen, ihre Krebszellen anzugreifen; sie möchten sie lieber wie irregeleitete Freunde behandeln. Manche Teilnehmer möchten ihre Krebszellen durch Liebe transformieren. Was auch immer Sie über die verschiedenen Haltungen denken mögen, als Gruppenleiter ist es Ihre Aufgabe, allen Anwesenden die Möglichkeit zu geben, ihre eigene Reaktion auf ihre Krebszellen und ihre Krankheit mit Überzeugung zum Ausdruck zu bringen.

In dieser Heilungskrise muß jeder Teilnehmer seinen eigenen Weg zurück zur Gesundheit finden. Zu sehen, was andere tun, kann die Einstellungen eines Menschen beeinflussen und dem Betreffenden sogar neue Möglichkeiten eröffnen. Dabei sollten bestimmte Aspekte nicht unerwähnt bleiben. Erinnern Sie die Teilnehmer, daß es der Natur unseres Körpers entspricht, Zellen zu zerstören, die sein Überleben gefährden, und daß dieser Prozeß in uns allen permanent im Gange ist. Viele Menschen verbinden mit der Vorstellung, daß eine Zelle »getötet« wird, ein moralisches Urteil. Wir können das Wort »töten« auch durch »eliminieren«, »transformieren«, »ausspülen« usw. ersetzen. Es geht nicht um eine Zerstörung mit bösartigem, unmoralischem Charakter, sondern um das Überleben. Letztendlich stellt sich die Frage: Was tun Sie, um Ihr Leben zu retten? Und unter welchen Umständen sind Sie dazu bereit?

Peggy Rogers hat mir eine verblüffende Geschichte erzählt, die diesen Aspekt veranschaulicht. Ein buddhistischer Mönch tat nichts, um seinen Tod durch Krebs zu verhindern, weil er der Überzeugung war, daß die Krebszellen in seinem Körper leben sollten, wenn sie dies wollten. Er weigerte sich grundsätzlich, Lebewesen zu töten; nicht einmal bei einer Krebszelle, die letztendlich ihn töten würde, machte er eine Ausnahme. Er unternahm keinerlei Versuch, sein Leben zu retten. Andererseits hatte er nichts dagegen einzuwenden, daß eine Nonne, die er kannte und die ebenfalls Krebs hatte, sich auf jede nur erdenkliche Weise behandeln ließ. Die Moral dieser Geschichte ist, daß wir uns darüber klar werden müssen, was wir tun wollen, um zu überleben, wie unser Lebenswille beschaffen ist und welche Formen dies in unserem Leben annimmt.

Ich verteile in dieser Sitzung eine Beschreibung des Immunsystems, die das Cancer Support and Education Center den von ihm betreuten Kranken zur Verfügung stellt. Diese Darstellung ist am Ende des vorliegenden Kapitels abgedruckt. Sie können sie gerne kopieren und an die Teilnehmer Ihrer Kurse weitergeben. Sie können sie auch bei der Planung einer Sitzung nutzen oder für die Vorbereitung auf das Drama des Immunsystems. Schauen Sie sich diese Version an, bevor Sie versuchen, eigene Pläne zu entwickeln. Die tänzerische Umsetzung des Dramas wird den Mittelpunkt der Sitzung bilden.

Wenn wir paarweise tanzen, werden unsere Herzen von ihrer Last befreit.

Ein Teilnehmer brüllt seine Krebszellen an: »Ich zerreiße euch in Stücke!«

DAS DRAMA DES IMMUNSYSTEMS

In diesem Abschnitt geht es darum, das Verhalten des Immunsystems gegenüber den Krebszellen in schauspielerischer Form darzustellen. Dem liegt folgende Struktur zugrunde: Die Zellen des Immunsystems patrouillieren unablässig und halten nach potentiellen Krebszellen Ausschau. Die Krebszellen stören die Harmonie der normalen Zellen. Sie sind außer Kontrolle geraten und suchen nach einer Lücke in der Abwehr des Immunsystems. Bei einem Durchbruch macht sich das Immunsystem sofort an die Arbeit. Die Alarmanlage des Körpers wird aktiviert, und alle Abwehrzellen begeben sich an den Ort, wo die Krebszellen einzudringen versuchen. Das gesunde Immunsystem zerstört, überlistet, besiegt, vernichtet und transformiert die Krebszellen oder treibt sie aus dem Körper. Die Krebszellen sterben, und der Wirtsorganismus wird wieder gesund.

Fordern Sie die Teilnehmer auf, zwei Gruppen zu bilden. Bitten Sie alle, eine Zelle auszuwählen, die sie gern spielen würden. Schauen Sie sich die am Ende dieses Kapitels wiedergegebene Beschreibung der Ressourcen an. Alle Teilnehmer sollten mit den Eigenschaften der Zelle, die sie darstellen, vertraut sein. Arbeiten Sie als Team, und entscheiden Sie gemeinsam darüber, wie Sie dieses Drama darstellen wollen! Jede Gruppe sollte Ideen diskutieren, Rollen wählen und eine Strategie entwickeln. Die Teilnehmer können Geräusche, Worte oder Hilfsmittel verwenden, um ihre Rollen adäquat darzustellen. Der Gruppenleiter kann als Helfer und/oder Leiter fungieren. Ihr Enthusiasmus für diese Arbeit wird die Gruppe inspirieren. Fordern Sie beide Gruppen auf, jeweils der anderen ihre Version des Dramas vorzuspielen. Bevor eine Gruppe beginnt, sollten die Mitwirkenden ihren Körper durch eine Übung aktivieren. Während die eine Gruppe ihren Tanz ausführt, kann die andere sie auf jede erdenkliche Art unterstützen. Außerdem empfehle ich Ihnen, die Aufführung zu wiederholen und den Teilnehmern die Möglichkeit zu geben, eine andere Rolle zu spielen, so daß alle Gelegenheit erhalten, sowohl eine Krebszelle wie auch eine Zelle des Immunsystems darzustellen. Außerdem kann eine bestimmte Art von Zelle von mehreren Personen gespielt werden.

Die Krebszellen müssen durch völlig andere Bewegungen dargestellt werden als die Zellen des Immunsystems. Teilnehmer, die die Rolle der Krebszellen übernehmen, sollten Bewegungen ausführen, die tölpelhaft, unkontrolliert und verwirrt wirken. Ich empfehle gewöhnlich, die Bewegungen der Krebszellen mit möglichst wenig Kraft auszuführen. Beim Spielen dieser Rolle müssen Sie sensibel sein und dürfen sich nicht zu sehr mit ihr identifizieren. Manchmal ist es nützlich, die Krebszelle durch ein Objekt statt durch eine Person repräsentieren zu lassen. So bleibt es den Teilnehmern erspart, die auf die Krebszelle gerichtete aggressive Energie zu ertragen. Andererseits kann es sehr nützlich sein, den Tod der Zelle darzustellen.

Ich habe erlebt, daß Teilnehmer, die die Rolle der Krebszelle übernommen hatten, nicht bereit waren zu sterben oder sich transformieren zu lassen. Bedeutet dies, daß die Betreffenden aus irgendeinem unbewußten Grund an ihrer Krankheit festhalten? Oder sind sie nur nicht in der Lage, sich zu entspannen und loszulassen? Vielleicht blockiert eine Gewohnheit die körperliche Empfindung des Loslassens. In diesem Fall können Sie der betreffenden Person helfen, diese Bewegungsmöglichkeit wiederzuentdecken. Dies ist ein Beispiel für die Wechselbeziehung zwischen Bewegung und Gefühlen. Wenn Sie zu einer bestimmten Bewegung keinen Zugang haben, können Sie auch das entsprechende Gefühl nicht erleben, und umgekehrt. Vielleicht können Sie sich vorstellen, wie umfassend dies unsere Einstellungen beeinflußt. Falls diese destruktiv sind, haben wir die Möglichkeit, sie zu verändern, indem wir positive Bewegungen finden.

VISUALISATION UND GRUPPENTANZ

Nach dem Tanz des Immunsystems sollten Sie der Gruppe eine Pause gönnen und ihr Gelegenheit geben, sich auf die nächste Phase vorzubereiten. Nun geht es darum, das Immunsystem mit Hilfe einer Visualisation zu personalisieren. Bitten sie alle Gruppenmitglieder, sich einen Platz zu suchen, an dem sie sich ausruhen und ihre Augen schließen können.

1. Atmen Sie einige Male tief durch.
2. Lassen Sie vor Ihrem geistigen Auge eine Zelle des Immunsystems entstehen. Nehmen Sie sich dazu so viel Zeit, wie Sie brauchen. Das Bild kann ein Wesen,

eine Phantasie oder irgend etwas anderes sein, das eine Zelle repräsentiert, die Ihre Krebszellen auf effektive Weise zu zerstören, zu eliminieren oder zu transformieren vermag.

3. Schauen Sie sich das Wesen genau an. Wird es seine Aufgabe erfüllen können? Wie sieht es aus? Was sagt es? Welche Geräusche macht es? Wie bewegt es sich?
4. Treten Sie in einen Dialog mit ihm. Fragen Sie es, wie es seine Aufgabe erfüllen wird. Seien Sie dabei präzise, und fordern Sie das Wesen auf, die bestmögliche Strategie zu entwickeln.
5. Wenn Sie sich bereit fühlen, zeichnen Sie Ihr Bild.
6. Verstärken Sie diese Zeichnung, indem Sie die Teile hervorheben, die für die Aufgabenerfüllung der Zelle am wichtigsten sind. Verstärken Sie Linien, oder benutzen Sie intensivere Farben. Fordern Sie als Gruppenleiter die Teilnehmer auf, ihre Zeichnungen stärker zu bearbeiten.
7. Nach der Fertigstellung der Zeichnungen beginnen die Teilnehmer, einen Plan zur Beseitigung der Krebszellen zu entwickeln und aufzuschreiben. Dies ist der entscheidende Teil des gesamten Prozesses, auf den Sie genügend Zeit und Aufmerksamkeit verwenden müssen.
8. Unterhalten Sie sich über das, was Sie gezeichnet und geschrieben haben, mit einem Partner.
9. Tanzen Sie Ihre Zeichnung, wobei Ihr Partner Sie auf eine Weise unterstützt, die Sie bestimmen. Er kann Ihren Tanz beispielsweise durch das, was Sie geschrieben haben, verstärken.
10. Tauschen Sie die Rollen.
11. Diskutieren Sie über die Botschaft dieser Visualisation, und verdeutlichen Sie, welchen Einfluß dieselbe auf Ihr Leben hat.

Es ist faszinierend, die unterschiedlichen Bilder zu sehen, die Menschen über ihr Immunsystem entwickeln. Hier nur ein paar Beispiele: Eine Frau sah einen spiralförmigen Staubsauger in strahlenden Pastellfarben, der alle Krebszellen aufsaugte. Während sie durch den Staubsauger strömten, wurden sie in weißes Licht verwandelt. Eine andere Teilnehmerin sah eine bösartige, bedrohliche Schlange, die mit Lichtgeschwindigkeit auf die Krebszellen zuschoß, sie mit ihrer elektrisch geladenen Zunge berührte und augenblicklich tötete. Ein dritter Teilnehmer stellte sich vor, daß ein Löwe auf seinem Territorium patrouillierte, der Krebszellen aus jeder Distanz roch, über sie herfiel und in Stücke zerriß. Ein anderer Teilnehmer stellte sich eine uralte Schildkröte vor, die auf dem Meeresgrund lebte und wußte, wann Krebszellen entstanden. Sie schwamm dann seelenruhig an die Wasseroberfläche, streckte ihren Kopf in die Luft und pflückte die Zellen systematisch vom Meer. Keine einzige entging ihr. Eine Frau berichtete über ein sehr ungewöhnliches Bild. Sie sah ein Stinktier, das elegant seinen Schwanz hob und seinen Gestank versprühte. Der üble Geruch ließ die Krebszellen ersticken.

Diesen Bildern ist etwas Geheimnisvolles eigen. Woher sie stammen, entzieht sich unseren Analyseversuchen. Es sollte uns genügen zu wissen, daß wir ihnen vertrauen können und daß jeder Teilnehmer einen Grund für sein spezifisches Bild hat. Schlagen Sie den Gruppenmitgliedern vor, ihrem Bild einen Namen zu geben, sich dasselbe jeden Tag zu vergegenwärtigen und es als Schutz zu verwenden. Wenn wir solche Bilder über längere Zeit benutzen, werden sie immer klarer und stärker, und die Heilungsstrategien, die sie uns offenbart haben, werden immer wirksamer. Probieren Sie es aus. Meditieren Sie täglich über das Bild, das Sie gefunden haben. Bitten Sie als Gruppenleiter die Teilnehmer in der folgenden Woche, darüber zu berichten, wie sie ihre Bilder genutzt haben.

CHECK-OUT

Setzen Sie sich für das Check-out kreisförmig, und sprechen Sie mit den Teilnehmern darüber, was sie in ihrem Leben tun können, um ihr Immunsystem gesund zu erhalten. Zum Abschluß stehen Sie auf, heben die Arme in die Luft und rufen: »Stärkt die weißen Zellen!«

ZUSAMMENFASSUNG

Die Arbeit in dieser Sitzung ist ernst gemeinter Spaß und vermittelt sowohl subjektive als auch objektive Information über das Immunsystem. Das Thema dieser Sitzung ist eines der nützlichsten aller hier beschriebenen Serien, weil das Bild der Krebszellen die Beziehung der Teilnehmer zu ihrer Krankheit verändern kann.

Stärkt die weißen Zellen!

Auf das Check-in und die Aktivierung des sensorischen Gewahrseins folgt die Erweiterung der Bewegungsressourcen und schließlich die Aufführung des Dramas des Immunsystems. Jeder Teilnehmer sollte unterschiedliche Rollen spielen und später die Rollen tauschen, so daß beide Seiten des Konflikts erlebt werden können. Diese Darstellung in Form eines Schauspiels liefert uns wichtige Informationen über unsere Einstellung zu unserer Krankheit. Anschließend sollte eine Visualisation folgen, um ein Schutzbild zu entdecken und eine Strategie zur Nutzung desselben zu entwickeln. Sprechen Sie über das Ergebnis zunächst mit dem Partner und später in der ganzen Gruppe.

DAS IMMUNSYSTEM

Die T-HELFERZELLEN alarmieren das gesamte Immunsystem und verstärken die Aggressivität der übrigen weißen Zellen. Dies erreichen sie durch Ausschüttung eines chemischen Botenstoffs.

NATÜRLICHE KILLERZELLEN, ein »freier Geist«, streifen ständig umher und spüren Tumore oder von Viren infizierte Zellen auf. Sie jagen und zerstören sie durch Injektion eines Gifts. Sie agieren unabhängig von den Informationen der T-Helferzellen.

KILLER-T-ZELLEN jagen ebenfalls Krebszellen und von Viren infizierte Zellen und töten sie durch Giftinjektion. Sie benötigen Informationen von den T-Helferzellen und machen sich auf den Weg, wenn sie gebraucht werden.

B-ZELLEN halten sich im Bereich der Lymphknoten auf. Sie produzieren Antikörper (Immunglobuline), die sich an die Viren heften und dieselben deaktivieren.

MAKROPHAGEN sind sogenannte »große Freßzellen«. Sie verschlingen und zerstören Eindringlinge sowie Abfallstoffe und erkranktes Gewebe. Sie patrouillieren ständig und signalisieren anderen Zellen des Immunsystems die Anwesenheit von Eindringlingen.

UNTERDRÜCKER-T-ZELLEN dämpfen oder verlangsamen die Wachsamkeit der übrigen weißen Zellen nach der Schlacht, damit diese wieder zu ihrer normalen Aktivität zurückkehren.

EIGENSCHAFTEN DES IMMUNSYSTEMS

GEMEINSAME WURZELN: Jede weiße Zelle entsteht im Knochenmark. Etwa die Hälfte dieser Zellen wandert zur Thymusdrüse, wo sie zu T-Zellen werden. Die andere Hälfte wird zu Makrophagen, B-Zellen oder natürlichen Killerzellen. Nervenenden, die in das Knochenmark und in die Thymusdrüse hineinreichen, bilden eine Kommunikationsverbindung vom Gehirn zu den Organen des Immunsystems.

REDUNDANZ: Es gibt im Immunsystem »Kompensationsmechanismen«. Dies bedeutet, daß es zwischen den Funktionen der verschiedenen Arten von weißen Zellen Überschneidungen gibt. Diese Vielfalt hilft dem System, wenn bestimmte Teile ihre Funktion nicht richtig erfüllen. Beispielsweise kann bei Menschen, die seit langem mit AIDS leben, die Funktion der T-Zellen gestört sein, wohingegen die natürlichen Killerzellen ihre Funktion ausgezeichnet erfüllen.

INTELLIGENZ: Alle weißen Zellen haben Sinne und Intelligenz. Sie denken und kommunizieren tatsächlich miteinander! Außerdem erhalten Sie Informationen vom Gehirn. Dies geschieht mit Hilfe von Neuropeptiden, die in Reaktion auf bildliche Vorstellungen, Stimmungen und Überzeugungen vom Gehirn ausgeschüttet werden. Jede Zelle besitzt ein genetisches Bild, wie sie ihre Arbeit verrichten soll und wie der Zustand der Gesundheit beschaffen ist.

6. Sitzung: Die Natur als Heilerin
Teil I: Bäume

Kontakt zu einem Baum aufnehmen.

Natur ist nur eine andere Bezeichnung für Gesundheit,
und die Jahreszeiten sind nichts anderes als Zustände der Gesundheit.

HENRY DAVID THOREAU, *Tagebuch, 23. August 1853*

Möge alles, was ich sage, und alles, was ich denke,
sich in Harmonie mit den Bäumen befinden.
Gott in mir, Gott jenseits von mir,
Schöpfer der Bäume.

CHINOOK-PSALTER

In dieser Sitzung geht es um den direkten Kontakt zur Natur und speziell um die Verbindung zu einem Baum. Die Sitzung kann aber ebensogut auf irgendein anderes Naturphänomen abgestimmt werden – auf einen Stein, einen Felsen, eine Blume, einen Fluß, Sand usw. Wir begeben uns dazu ins Freie und berühren mit unserem Körper die natürliche Welt. Das vorgestellte Arbeitsmaterial kann jedoch auch für Visualisationen benutzt werden, falls es nicht möglich ist, eine natürliche Umgebung aufzusuchen. Die Sitzung sollte am besten in einem Wald stattfinden. Das folgende Kapitel zeigt Ihnen, wie Sie mit Hilfe von Visualisationen Zugang zur Natur bekommen, unabhängig davon, wo Sie sich befinden.

Wir alle sind Teile eines größeren Körpers, und dieser ist die Natur selbst. Wir sind Wasser, Metall, Erde und Luft. Wir sind die Natur und nicht von ihr getrennt. Unsere Haut ist eine Hülle, die einen Teil unserer inneren Natur enthält; sie bildet eine Grenze zwischen uns und der Außenwelt, doch ist auch die Außenwelt ein Teil von uns, und wir sind ein Teil von ihr. Es ist eine Illusion unseres Geistes, daß die innere und äußere Landschaft voneinander getrennt sind. Ich glaube, daß beide in Wahrheit eins sind. Indem wir uns mit dem größeren Körper der Natur verbinden, erschließen wir uns eine lebensspendende Unterstützung, die in unserer industrialisierten Kultur häufig vernachlässigt und geleugnet wird. Eine Gruppe sehr weiser Frauen, alle über neunzig Jahre alt, wurde einmal zu einer Podiumsdiskussion eingeladen. Auf die Frage »Woher beziehen Sie Ihre Kraft?« nannten sie die Natur als wichtigste Kraftquelle in ihrem Leben. Da ich selbst schon älter bin, kann ich nur bestätigen, daß ich einen ungeheuren Frieden empfinde, wenn ich mich den Lebensquellen der Natur nahe fühle. Alle meine Sorgen, meine gesamte Verantwortung und meine Verpflichtungen verblassen, wenn ich mit dem, was mich umgibt, eins werde. Einfach in den Wäldern oder am Meer spazierenzugehen wirkt Wunder, wenn es um die Regeneration der Lebenskraft geht.

Im Mittelpunkt dieser Sitzung steht das Bemühen, unser Gewahrsein der natürlichen Welt zu verstärken und herauszufinden, wie dieses Gewahrsein unsere Heilung unterstützen kann. Wir beginnen auch diesmal wieder mit einer Check-in-Runde. Stellen Sie sich vor, daß dabei zahllose Geschichten über Schmerzen, Erschöpfung, Zweifel und Depression erzählt werden. In der Gruppe herrscht eine gedrückte Stimmung. Wir hören einander respektvoll zu, ohne das Gefühl der übrigen Gruppenmitglieder verändern zu wollen. Was machen Sie als Gruppenleiter, wenn Ihre Gruppe sich in solch einer deprimierten Stimmung befindet? Sie fordern sie auf, sich zu bewegen. Es folgt ein Beispiel dafür, wie Sie mit Hilfe von Bewegung auf die Bedürfnisse der Gruppe eingehen können.

SENSORISCHES GEWAHRSEIN

Nehmen Sie sich für diese Übung möglichst viel Zeit. Das Berühren und Streicheln wirkt beruhigend und konzentriert unsere Aufmerksamkeit auf das Aufwecken unserer Sinne.

1. Bilden Sie einen kleinen Kreis, und schließen Sie die Augen.
2. Legen Sie die Hände auf die Brust. Atmen Sie ein, und füllen Sie Ihre Hände mit Ihrem Atem. Halten Sie den Atem an. Atmen Sie schließlich aus, und streichen Sie langsam über Ihre Brust.
3. Atmen Sie erneut durch die Brust in die Hände, halten Sie den Atem an, atmen Sie aus, und streichen Sie schließlich über Ihre Brust.
4. Wechseln Sie mit den Streichbewegungen zu einem anderen Körperbereich. Achten Sie auf die Empfindung, die die Streichbewegungen in Ihren Armen erzeugen, und widmen Sie sich dem Bauch und den Seiten Ihres Körpers. Nehmen Sie sich so viel Zeit, wie Sie brauchen.

Der Baum ist in Dir. Du bist der Baum.

Gruppenmitglieder werden während eines Spaziergangs mit Augenbinden geführt.

*»Wußten Sie, daß Bäume sprechen?
Nun, das tun sie tatsächlich. Sie sprechen miteinander, und sie sprechen auch mit Ihnen, wenn Sie zuzuhören verstehen.
Ich habe von den Bäumen viel über meine Heilung gelernt.«*

5. Folgen Sie mit Streichbewegungen den Konturen Ihres Körpers, bis Sie schließlich den ganzen Körper einschließlich des Gesichts und der Schädeldecke gestreichelt haben. Welcher Empfindungen sind Sie sich nun bewußt?
6. Klopfen Sie sich mit den Händen leicht auf die Brust, als wäre sie eine Trommel. Wenden Sie sich einem benachbarten Gruppenmitglied zu, und klopfen Sie dem Betreffenden leicht auf den Rücken.
7. Experimentieren Sie, indem Sie einander abklopfen, sanft streicheln und auf andere Weisen berühren. Wechseln Sie schließlich den Partner, und wiederholen Sie das Ganze.

Diese Übung wirkt gewöhnlich sofort und hilft Ihnen, stärker in Ihrem Körper gegenwärtig zu sein. Dadurch werden Ihre Sorgen und Ängste zumindest für einen Augenblick neutralisiert. Wir sind nun bereit, uns dem Thema dieser Sitzung zuzuwenden.

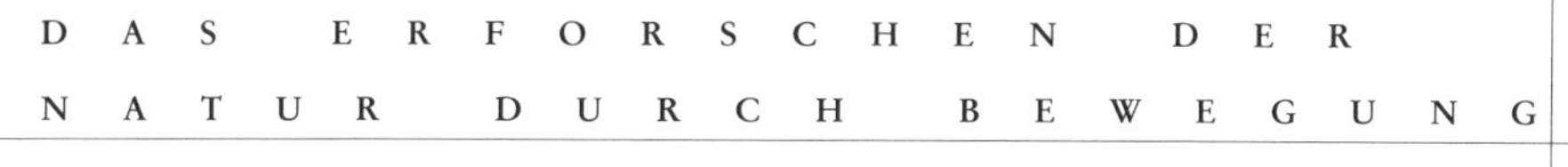

DAS ERFORSCHEN DER NATUR DURCH BEWEGUNG

Aufgrund unserer Körperstruktur identifizieren wir uns intuitiv mit Bäumen. Ein Baum hat einen Stamm, der dem Rumpf unseres Körpers ähnelt; er hat Gliedmaßen wie wir und besteht aus Vorderseite, Rückseite, rechter und linker Seite, die zusammen eine runde Form ergeben. Ein Baum steht vertikal, und wenn er fällt, liegt er horizontal. Es gibt zwischen uns und Bäumen noch andere Assoziationen, die emotionaler und symbolischer sind. Die folgende Liste von Eigenschaften, die Bäumen und Menschen eigen sind, wurde in einer meiner Gruppen zusammengestellt: Kraft, Kindheit, Freiheit, Trost, Macht, innere Eltern/Vater, Erde/Himmel-Verbindung, Kommunikation.

1. Beginnen Sie mit Bewegungen, die mit dem Rumpf Ihres Körpers und der Wirbelsäule zusammenhängen. Erforschen Sie, wie Ihre Arme und Beine aus dem Rumpf herauswachsen und in welcher Beziehung sie zu ihm stehen.
2. Stehen Sie auf. Seien Sie sich dabei der Erde und des Himmels bewußt.

3. Schauen Sie sich Bäume an, und erforschen Sie Armbewegungen, die an die Äste erinnern oder die Ähnlichkeit Ihrer Hände und Finger mit den Blättern deutlich machen. Sie können auch die Form Ihres Körpers mit dem Stamm der Bäume, die Erdung Ihrer Füße und Beine mit den Wurzeln vergleichen. Tun Sie all dies langsam, und achten Sie auf die Eigenschaften und Gefühle, die bei Ihren Bewegungen entstehen.

Befinden Sie sich am Meer, können Sie statt der Bäume die Bewegungen der Wellen und des Windes erforschen. Stimmen Sie Ihre Bewegungsressourcen auf die Umgebung ab, in der Sie arbeiten.

SPAZIERGANG MIT AUGENBINDE

Auf das Erforschen mit Hilfe von Bewegungen folgt eine Übung zur Stärkung des sensorischen Gewahrseins. Zu diesem Zweck legen die Teilnehmer eine Augenbinde an.

1. Alle Gruppenmitglieder stehen in einer Reihe hintereinander und halten einen Zweig oder Ast, mit dem Sie die Verbindung zum Nachbarn herstellen. Auf diese Weise wird jede direkte körperliche Berührung vermieden.
2. Der Erste in der Reihe geht mit offenen Augen und führt die Gruppe durch ein bewaldetes Gebiet (oder irgendeine andere natürliche Umgebung).

Diese einfache Aktivität hat eine machtvolle Wirkung. Ganz gleich, wie oft Sie diese Übung ausführen, sie bleibt stets beeindruckend. Obwohl wir uns in einer Art Prozession bewegen, gehen wir nirgendwo hin. Wir sind bereits angekommen; jeder Schritt ist eine eigenständige Erfahrung. Dieser Spaziergang kann ein unglaubliches Spektrum von Gefühlen und Empfindungen aktivieren. Der Anführer der Reihe kann die Wahrnehmung der einzelnen Sinne steigern, indem er den Spaziergang von Zeit zu Zeit unterbricht und die Gruppenmitglieder auffordert, sich auf das Hören, das Riechen, das Berühren oder das Schmecken ihrer Umgebung zu konzentrieren. Es gibt wohl kaum eine konzentriertere Methode kinästhetischer Wahrnehmung, als mit geschlossenen Augen umherzugehen, weil dabei unsere vertrauteste Sinnesfähigkeit – der Sehsinn – ausgeschaltet ist.

SUCHEN SIE IHREN BAUM

Sobald Sie an dem Ort in der Natur angekommen sind, wo Sie arbeiten wollen, nehmen alle Gruppenmitglieder ihre Augenbinde ab und beginnen mit ihrer persönlichen Reise durch die Umgebung.

1. Suchen Sie einen Baum, der Sie ruft, und gehen Sie zu ihm.
2. Stellen Sie mit verschiedenen Teilen Ihres Körpers Kontakt zu dem ausgewählten Baum her. Berühren Sie den Baum mit Ihren Händen, Ihrem Gesicht, Ihrer Brust, Ihrem Bauch, Ihrem Rücken, mit dem vorderen und dem rückwärtigen Teil Ihres Beckens, mit Ihren Oberschenkeln, Ihren Füßen und Ihren Beinen. Lehnen Sie sich an den Baum. Umarmen Sie den Baum. Bleiben Sie mindestens zehn Minuten mit dem Baum in Kontakt. Es erfordert Zeit, dabei alle Sinne einzubeziehen.
3. Achten Sie auf Gefühle, Emotionen und Bilder, die durch Ihren Kontakt zu dem Baum in Ihnen auftauchen.

TANZEN SIE IHREN BAUM

1. Tanzen Sie mit Ihrem Baum. Stellen Sie fest, in welcher Beziehung Sie zu ihm stehen. Der Baum ist in Ihnen; Sie sind in dem Baum.
2. Suchen Sie nach einer Möglichkeit, diesen Tanz zum Abschluß zu bringen.
3. Zeichnen Sie Ihren Baum, und schreiben Sie etwas über Ihre Erfahrung mit ihm.

Menschen identifizieren sich mit der Natur, indem sie sich in die Formen ihrer Umgebung hineinprojizieren – in diesem Fall ist es die Form eines Baums. Durch diesen Prozeß können wir tiefe Einsichten in unsere Bedürfnisse erlangen und wichtige Verbindungen entdecken. Es folgen einige Beispiele dafür, was Menschen nach dieser Erfahrung sahen oder spürten. Ein Teilnehmer empfand alle Bäume im Wald auf eine tiefgründige Weise miteinander verbunden. Der Baum wurde zum Symbol für Gemeinschaft und die Notwendigkeit, in einer Gemeinschaft zu leben, um geheilt werden zu können. Eine andere Teilnehmerin sah den ganzen Prozeß des Lebens, von der Kindheit bis zum Tod, in ihrem Baum. Sie sah die Verletzungen und die Heilung und erfuhr die Totalität eines Wesens, das im Laufe der Zeit eine Folge von Zuständen durchläuft. Eine Teilnehmerin erlebte den Baum als endlos, als ein Heim, das Kraft, Sicherheit, Unterstützung und zuverlässige Partnerschaft bot. »Es ist okay, um Unterstützung zu bitten«, sagte ihr Baum.

Eine Teilnehmerin führte folgendes Gespräch mit ihrem Baum:

ICH: Lieber Baum, wie fühlt es sich an, tot zu sein?

BAUM: Das ist doch klar. Schau dir die grünen Schößlinge auf mir an. Jeder von ihnen ist ein neuer Baum. Wer sagt, daß ich tot bin?

ICH: Aber du bist doch zu einem Stück Holzkohle verbrannt!

BAUM: Die Flammen waren wundervoll, und ich habe die Ekstase des Verbrennens genossen. Die Energie war so transparent, so beharrlich. Dumme Schwester, du weißt wirklich nicht sehr viel!

ICH: Bin ich deine Schwester? Ich dachte, ich wäre deine Tochter.

BAUM: Wie vermessen von dir. Was bist du schon neben mir? Du bist mein kleines Eichhörnchen oder mein Maikäfer. Du bist ein Blatt, das von einem Nachbarbaum abgefallen ist und auf meiner verkohlten Rinde liegt.

ICH: Ich möchte hier bei dir bleiben. Was hältst du davon?

BAUM: Sei still! Irgendwo tief in meinem Inneren läßt du mich frohlocken. Allmächtiger Gott, meine Wurzeln sind noch lebendig!

Nach diesem Dialog beschrieb die Teilnehmerin ihren Tanz mit dem Baum.

Der Abend nahte, und das Licht in dem Kreis großer Bäume verblaßte. Ich fing an, die Geburt meines eigenen Baumes zu tanzen. Ich wurde größer und größer, öffnete allmählich Ast um Ast, wogte im Wind, bis ich ein ausgewachsener riesiger Baum war, so groß, daß ich in das Universum hinausreichte. Dann sah ich, daß sich durch den Wald Flammen näherten. Ich hörte ihr Knistern. Schließlich erreichten sie mich. Ich krümmte mich vor Schmerz, meine Zweige kräuselten sich, brachen und fielen herab, bis ich völlig nackt war. Ich wurde immer kleiner und war schließlich nur noch ein verkohlter Stumpf. So kauerte ich und wartete auf die ersten Regentropfen. Es war archaisch und magisch, sich auf diese Weise zu bewegen, während das Licht sich von goldgrau zu blaugrau wandelte und der Tag verging. Die Stille hieß mich willkommen und nahm mich in ihre Arme auf.

Schließlich forderte Anna uns auf, unseren Tanz zum Abschluß zu bringen und uns in einem Kreis zusammenzusetzen. Wir sprachen über unsere Zeichnungen und unsere Tänze. Ich empfand eine Ganzheit, eine Erweiterung und eine tiefe Entspannung. Ich hatte das Gefühl, ein Teil des Lebens zu sein und meine Aufgabe darin zufriedenstellend zu erfüllen. Anna sagte nach dem Tanz zu mir: »Du hast den ganzen Lebenszyklus durchgemacht, nicht wahr?« Das hatte ich in der Tat. Ich wuchs als Baum, öffnete mich dem Leben, stand groß und stolz da, begegnete dem Feuer und wurde von ihm verzehrt, verfiel dem Tode und wartete, fast friedlich, darauf, daß der Regen mir neues Leben schenken würde, daß das neue Leben auf meinem verkohlten Körper Wurzeln schlüge und ein neuer Baum entstünde. Nun empfinde ich eine tiefe Zufriedenheit und ein Gefühl der Richtigkeit. Mein Körper hat sich geöffnet und ist irgendwie größer geworden. Mein Geist ist erfreut, hört zu und schenkt allem Aufmerksamkeit.

Geschrieben von SANDY BOUCHER

ABSCHLUSS

Lassen Sie die Gruppe zum Abschluß noch einmal einen Kreis bilden. Alle Teilnehmer haben sieben Steine gesammelt, die sie in einer Hand halten können. Nacheinander legen sie diese Steine im Zentrum des Kreises zu einem Bild zusammen. Lesen Sie die Botschaften der Steine. Dies führt zu aufschlußreichen Ergebnissen. Diese Aktivität ähnelt dem alten chinesischen I Ching, einem Wahrsagesystem, bei dem man Schafgarbenstengel auf den Boden wirft und deren symbolische Bedeutung liest. Statt Steinen können Sie auch Pflanzenstengel oder Blätter verwenden. Berühren Sie anschließend die Erde, stehen Sie auf, und strecken Sie sich schweigend zum Himmel. Gehen Sie in dieser ehrerbietigen Weise auseinander.

ZUSAMMENFASSUNG

In dieser Sitzung geht es um die Natur als Heilerin und die Selbsterkenntnis durch Naturphänomene. Nach dem Check-in und einer Aufwärmübung zur Stärkung des sensorischen Gewahrseins wendet sich die Arbeit dem eigentlichen Thema der Sitzung zu: der Verkörperung eines Naturprinzips. Geben Sie den Teilnehmern Gelegenheit, durch einen Spaziergang mit Augenbinden ihre kinästhetische Sensibilität zu stärken, und lassen Sie sie dann zu einem Element in der Natur, in unserem Fall einem Baum, Kontakt aufnehmen. Aufgrund einer tiefen, intuitiven Resonanz zwischen den Menschen und der sie umgebenden Natur werden die Teilnehmer Möglichkeiten finden, mit den Bäumen zu kommunizieren, die jenseits des Sprachlichen oder eines explizit bewußten Verstehens liegen. Ein Tanz mit dem Baum, Schreiben über den Baum und Zeichnen desselben – all dies vertieft bei den Gruppenmitgliedern das Verständnis ihrer Beziehung zur Natur.

ARBEITSPLÄNE

7. Sitzung: Die Natur als Heilerin
Teil II: Die Arbeit mit Visualisationen

ICH SAH, WIE ICH AM MEER LIEF,

ICH SPÜRTE DIE SONNE AUF MEINEM RÜCKEN,

ICH FÜHLTE MICH GUT UND FREI ...

In einer Situation zu lehren, in der Menschen mit lebensbedrohenden Krankheiten konfrontiert sind, erfordert eine völlig andere Haltung als die Arbeit in einem herkömmlichen Tanzkurs. Der Lehrer benötigt ein großes Repertoire, um die unmittelbaren Bedürfnisse der Teilnehmer erfüllen zu können. Er kann nicht einfach einem logischen Plan folgen, der auf die vorhergehende oder folgende Woche Bezug nimmt. Entscheidend bleibt die Situation, in der sich die Teilnehmer befinden, wenn sie zur Sitzung kommen.

Dafür möchte ich ein Beispiel anführen. Ich hatte eine Serie von Sitzungen über Beziehungen zu Familienmitgliedern und Freunden vorbereitet und einen Plan für eine Sitzung ausgearbeitet, in der ich dieses Thema fortführen wollte. Während des Check-in berichteten alle Teilnehmer über stark belastende aktuelle Geschehnisse. Die Stimme einer Teilnehmerin zitterte, als sie uns erzählte, heute jähre sich der Todestag ihres Mannes, und sie habe soeben erfahren, daß der Vater ihres Mannes gestorben sei. Ihre Mutter und ihr Vater waren ebenfalls im Laufe des vergangenen Jahres gestorben. Sie fühlte sich sehr verletzlich.

Eine andere Teilnehmerin hatte ihre Mutter mit zur Sitzung gebracht. Die 77jährige Frau litt schwer an Parkinson und befand sich wegen einer Krebserkrankung in Chemotherapie. Die Beziehung zwischen Mutter und Tochter berührte mich ganz besonders, weil die Tochter schon mit vier Jahren bei mir Tanzunterricht genommen hatte und ich mich noch genau daran erinnern konnte, wie ihre Mutter zu ihr gesagt hatte: »Du brauchst nicht alles mitzumachen, aber du mußt am Unterricht teilnehmen.« Die Tochter, die mittlerweile Ende Vierzig ist, wandte sich nun an ihre Mutter und sagte: »Mutter, du brauchst nicht alles mitzumachen, aber du mußt an der Arbeit teilnehmen.«

Eine andere Frau klagte über unerträgliche Rückenschmerzen. Sie litt unter chronischer Erschöpfung und chronischen Schmerzen und kämpfte mit ihrem Krebs. Sie hatte das Gefühl, zu verfaulen. Alle in der Runde berichteten über depressive Gefühle und ein allgemeines Gefühl der Schwäche.

Da solche Situationen keineswegs ungewöhnlich sind, möchte ich Ihnen einen Vorschlag machen, wie Sie damit umgehen können. Fordern Sie die Gruppenmitglieder auf, sich auf den Boden zu legen. Liegen ist eine entspanntere Haltung als Stehen oder Sitzen, da unser Körper vollständig vom Boden gestützt wird. Als nächstes müssen wir den Zugang zu unserem Körper finden. Es gibt vier Möglichkeiten, zu beginnen: mit dem Empfinden, der Bewegung, den Gefühlen oder mit Bildern. Weil die Teilnehmer der zitierten Gruppe deprimiert waren und unter Schmerzen litten, war ihnen ihr physischer Körper in vielerlei Hinsicht verschlossen. In solchen Fällen ist es besser, die Betreffenden in das Reich der Bilder zu führen, weil die spirituelle Dimension oft eine Verbindung zum Körper herstellt.

Sie können die Gruppe zum Meer, in den Himmel und zur Sonne geleiten. Diese Bilder sind in der Lage, die angeborene Beziehung zur universellen Lebenskraft freizulegen. Wenn Menschen unter starken Schmerzen leiden, ist es für sie oft nützlich, sich mit dem umfassenderen Körper der Natur zu identifizieren, zu dem sie gehören. Wir sind unserem Wesen nach ein Teil der Natur, und Sie werden feststellen, daß die Teilnehmer dies spüren können, auch wenn sie sich dessen manchmal nicht bewußt sind. Es ist in jedem Fall von Vorteil, wenn sie an die Natur in ihrem Inneren erinnert werden. Wenn Sie das Folgende lesen, denken Sie bitte daran, daß es wichtiger ist, die Prinzipien dieser Meditation zu verstehen, als diese spezielle Version auswendig zu lernen. Sie können jederzeit eine eigene Variante entwickeln, um die Bedürfnisse einzelner Gruppenmitglieder, mit denen Sie arbeiten, möglichst optimal zu erfüllen.

Es folgt eine Anleitung zur Visualisation.

»Laß dich vom Bild eines riesigen blauen Himmels erfüllen und durchtränken. Spüre seine Grenzenlosigkeit, seine Unermeßlichkeit und seine Klarheit. Atme diese Empfindung von Freiheit tief ein, und atme jedes Gefühl der Begrenztheit aus. Laß deinen Geist sich auflösen. Während der Atem seinen natürlichen Rhythmus findet, lenke deine Aufmerksamkeit auf das Zentrum deines Brustkorbs, und lade den unermeßlichen Himmel ein. Dies hilft dem Brustkorb, sich zu öffnen.

Beginne nun, die Bewegung, den Klang und die Empfindung eines tiefgrünen Meeres zu spüren. Entspanne dich in diesem Bild, wobei die Macht und der Rhythmus der Wellen dich immer tiefer in das organische Pulsieren deiner eigenen Lebenskraft hineinversetzt. Fülle mit dem Atem dein Becken, und spüre dort Ebbe und Flut dieses Bildes. Wiederherstellen, Heilen, Reinigen, Erneuern: Das Bild selbst und der Ort, an dem es sich befindet, wird den Rhythmus deines Atems beruhigen. Es wird deinen Körper zentrieren und erden, indem es neue Energie und neues Leben bringt.

Der Körper in Harmonie mit der Natur.
Rückkehr zur Quelle inspiriert die spirituelle Kraft.

Tauche sanft und allmählich aus den Tiefen des Meeres auf, bis ein Sonnenstrahl dich trifft. Spüre die Wärme auf deiner Haut, und lasse dich von ihr durchdringen und selbst die tiefste Anspannung auflösen. Das runde gelbe Kraftwerk sendet seine Strahlen in alle Richtungen. Ziehe es allmählich in das Zentrum deiner Stirn, wo es wärmt und vergeht und Licht in den Raum sendet, der von negativen Gedanken besetzt ist.«

Dieses Bild löst Spannungen in den Kiefern und zwischen den Augen auf und läßt den Kopf klar werden. Die drei Farben dieser Visualisation – blau, grün und gelb – sind bewußt gewählt worden, weil sie in Zeichnungen oft als heilende Farben auftauchen. Das Bild der Sonne, deren Strahlen den Himmel ebenso wie das Meer erfüllen, ist ein Symbol der Integration.

Wenn der Körper der Teilnehmer sich verändert hat – die Atmung langsamer geworden ist, die Augenlider sich beruhigt haben und das Gesicht sich entspannt hat –, können Sie mit den Bildern fortfahren.

»Bringe ein eigenes Bild in diese Landschaft, etwas, das sich am Himmel oder im Meer bewegt. Stelle dieses Bild zunächst nur mit Fingern dar. Beziehe allmählich andere Körperteile ein. Bewege dich dabei so frei, wie du willst. Zeichne und schreibe das Erlebte auf.«

Es folgen einige Beispiele dafür, was Teilnehmer bei dieser Übung empfunden haben.

Jean, die ältere Frau, die an Parkinson litt, zeichnete auf ihrem Bild Seetang und schrieb: »Ich bin der treibende Seetang; ich bewege mich frei im Wasser umher. Keine Grenzen, keine Anstrengung.« Durch das Bild erlebte sie, wie sie sich mühelos und ohne Anstrengung im tröstlichen Wasser bewegte. Sie hatte eine Erfahrung gemacht, die ihr völlig neu war. Sie lächelte und bat, weiter an der Gruppe teilnehmen zu dürfen. Die Arbeit eröffne ihr eine Welt, die sie nie für möglich gehalten habe. Jean starb kurz darauf. Ihre Familie organisierte die Totenfeier am Meer. Dabei führte die Tochter ein Ritual aus, in dem sie Seetang ins Wasser zurückwarf, als würden Leben und Geist ihrer Mutter darin ihre Fortsetzung finden.

Sandra zeichnete ein Bild mit verschiedenen aktiven Dschungeltieren. Manchen tropfte Blut aus dem Maul, und eines suchte hoch oben in einem Baum Schutz. Die Tiere wirkten, als befänden sie sich auf einer Jagd. Sandra hatte eine Linie gezeichnet, welche die Tiere vom Himmel trennte, an dem eine große blaue Wolke zu sehen war. Sie hatte dazu geschrieben: »Unten ist alles Kampf. Sie jagen und fressen einander. Ich bin eine Wolke, die über all dies hinwegtreibt.« Sie hatte einen gewissen Frieden gefunden, indem sie sich von den Kämpfen des Alltagslebens gelöst hatte. Zumindest schien sie sich zeitweilig in einer Oase zu befinden, wo sie sich von den Schwierigkeiten, mit denen sie konfrontiert war, erholen konnte.

Jane zeichnete eine große gelbe Sonne am blauen Himmel und ein tiefgrünes Meer mit Wellengang. Sie selbst fügte einen Seestern hinzu, der fast so groß wie die Sonne und von leuchtend orange und roter Farbe war. Sie hatte geschrieben: »Wie ein Stern, und doch nur ein Fisch. Er scheint sich langsam zu bewegen, aber ein Stern erweckt auch diesen Eindruck und bewegt sich in einem Tag um die ganze Welt.« Diese Frau, die unter chronischer Erschöpfung und ständigen Schmerzen litt, setzte sich in ihrem Beruf selbst unter Druck. Vielleicht versuchte das Bild ihr zu vermitteln, daß sie ein wenig kürzer treten sollte und dennoch die Welt umrunden könnte.

Ann, die den Tod ihres Mannes und anderer Mitglieder ihrer Familie betrauerte, zeichnete einen Fisch, der sich halb unter Wasser befand und halb aus dem Wasser erhob. Sie sagte, es sei ein wunderschöner goldglitzernder Fisch. Er blinke, weil er naß sei. Sie beschrieb ihn als wild, frei und sinnlich. Dann erzählte sie: »Ich hatte früher einmal Angst vor Fischen. In Alpträumen mußte ich mit ihnen zusammen schwimmen. Eines Tages machte sich jemand einen Spaß und ließ einen toten Goldfisch auf meinen Schoß fallen. Ich geriet in Panik. Jetzt liebe ich diesen Fisch.« In ihrer Vorstellung kam der Fisch aus dem Wasser, und sie hatte ihn gebraten und gegessen. Ann war sehr erfreut darüber, lachte viel und sagte immer wieder: »Das ist wirklich eigenartig. Ich kann es gar nicht glauben, daß ich diesen Fisch liebe.«

In vielen Traditionen wird die Vorstellung, ein Machttier zu essen, als eine Möglichkeit angesehen, sich die Macht des betreffenden Tiers anzueignen. Unwillkürlich kam mir dieser Gedanke, während ich sie über jenes Bild sprechen hörte. Ich empfinde es als interessant, derartige literarische und intellektuelle

Ein Bild schaffen, das Wasser, Himmel und Sonne fokussiert.

Verbindungen herzustellen, doch vermeide ich es, solche Assoziationen den Teilnehmern meiner Gruppen mitzuteilen, weil ich glaube, daß sie dadurch von ihren eigenen physischen und emotionalen Erfahrungen abgelenkt werden und unsere Arbeit in eine intellektuelle Übung verwandelt wird. Ich wußte nicht, ob die Frau jene Macht und Transformation in ihrem Leben entdecken würde. Aber ich war mir sicher, daß es nicht hilfreich wäre, ihr meine Interpretation ihrer Erfahrung mitzuteilen.

Die Teilnehmer verließen die Sitzung mit einem Gefühl der Hoffnung. Ihre Kreativität und das, was sie sich selbst offenbart hatten, versetzte sie in einen positiveren Zustand. Wieder war ein Funke ihres Lebenswillens entzündet worden, und die Arbeit mit den Bildern hatte zu kraftvollen und tiefgründigen Erlebnissen geführt. Ich glaube, daß der visuelle und der auditiv/kognitive Sinn Menschen unserer Kultur den leichtesten Zugang bieten. Wenn wir verschlossen sind oder unter Schmerzen leiden, fällt es uns meist schwer, uns mit einem Gefühl der Freude in unseren Körper hineinzuversetzen. Manchmal können Menschen durch Visualisationen den Weg zu einem positiveren Zustand finden.

ZUSAMMENFASSUNG

Dieser Arbeitsplan zeigt, daß die Arbeit den spezifischen und aktuellen Bedürfnissen der Gruppenmitglieder entsprechen muß. Wenn Menschen unter akuten Schmerzen leiden, können Sie Kontakt aufnehmen, indem Sie ihre Vorstellungskraft ansprechen. Diese Sinnesfähigkeit ist wesentlich leichter erreichbar als Bewegungen oder Emotionen, selbst wenn sich die Betreffenden in ihrem Körper nicht wohl fühlen. Helfen Sie den Gruppenmitgliedern durch eine Visualisation, Kontakt zum umfassenderen Prinzip der Natur herzustellen, dem sie angehören. Lassen Sie der Visualisation einen kurzen Tanz folgen, und bitten Sie die Teilnehmer anschließend, eine Zeichnung anzufertigen und das Erlebte aufzuschreiben. Zum Schluß sollten Sie die Gruppe auffordern, darüber zu sprechen, was sie bei dieser Übung gelernt haben.

8. Sitzung: »Towelling« – Tiefenentspannung

Die Götter des Wassers treten oft zu Beginn einer Mythologie auf. Die Menschheit hat das Wissen um die spirituelle Natur des Wassers und die damit verbundene Erfahrung allmählich verloren … Die Naturphilosophie Goethes und die Romantik sehen das Wasser als Symbol für alles Flüssige und als Medium der Entstehung allen Lebens. Die Menschen erfahren das flüssige Element als das universelle Element schlechthin. Wenn wir Wasser ohne Voreingenommenheiten betrachten, verändert sich unser Denken und läßt uns das Lebendige besser verstehen. Es geht uns hier nicht um die chemische Zusammensetzung, sondern um die fließenden Elemente und um die Formen, die durch natürliche Bewegung entstehen. Bestimmte archetypische Formen von Bewegung sind in allen fließenden Medien zu finden.

THEODORE SCHWENK, *Das sensible Chaos*

Die Teilnehmer lernen in dieser Sitzung, einen Zustand völliger Entspannung zu erleben. Sie sollen weiterhin ihren Körper in Bewegung beobachten, ohne daß der auf Kontrolle bedachte Geist eingreift. Es gilt, das Wunder der Bewegung in Reinform zu beobachten und schätzen zu lernen. Auch die Erfahrung von Wechselbeziehungen zwischen den Körperteilen ist von Bedeutung. Haben Sie schon einmal beobachtet, wie Seetang von den Wellen bewegt wird? Oder wie ein Vogel im Wind große Höhen erreicht? Wie Äste sich in einer sanften Brise wiegen oder von einem heftigen Sturm geschüttelt werden? Erinnern Sie sich an die komplizierten Muster am Strand, die von den anrollenden Wellen erzeugt werden? Oder an die bizzarre Form der Klippen, die durch das Jahrmillionen lange Anstürmen des Meeres entstanden sind? An die Wolken, die der Wind über Sie hinwegtreibt? Schließen Sie die Augen, und erinnern Sie sich an all die Bewegungen, die Sie bei der Beobachtung der Natur kennengelernt haben. In dieser Sitzung werden wir ein ähnliches Prinzip erleben, sobald wir unseren Körper von einer äußeren Kraft bewegen lassen. Wir erfahren in uns selbst und in unserem Partner die reine Schönheit unserer Existenz in Bewegung. Dies tun wir mit Hilfe des sogenannten Towelling.

Die Bezeichnung *Towelling* wurde spontan für eine Aktivität gewählt, bei der ein Badetuch (engl.: *towel*) verwendet wird. Eine passendere Bezeichnung wäre »Fließen«, weil wir in dieser Übung das wesenhafte Fließen von Wasser nachahmen. Sorgen Sie als Gruppenleiter dafür, daß für alle Übungspaare jeweils ein normales Handtuch oder ein kleineres Badetuch vorhanden ist. Die Arbeit erfolgt paarweise, und die Handtücher dienen dazu, jede Berührung zwischen den Partnern zu vermeiden, weil Berührungen eine Erwartung, eine Aufforderung, eine Beruhigung oder eine Korrektur zum Ausdruck bringen können. Natürlich halte ich menschliche Berührungen nicht für schlecht. Es geht jedoch in dieser Übung darum, den Teilnehmern eine reine Erfahrung ihrer eigenen Bewegung ohne jede Ablenkung zu ermöglichen.

CHECK-IN

Starten Sie die Sitzung mit dem Check-in. Beginnen Sie zur Abwechslung mit einem Partner, der dann der Gesamtgruppe berichtet. Fordern Sie die Teilnehmer auf, sich einen Partner von etwa gleicher Größe zu suchen, weil sie in den folgenden Übungen den anderen bewegen sollen. Der Idealfall für diese Sitzung wäre, wenn es ebenso viele Assistenten wie Gruppenteilnehmer gäbe und den Teilnehmern die luxuriöse Erfahrung möglich wäre, bewegt zu werden, ohne später einen anderen Teilnehmer bewegen zu müssen. Dies ist häufig nicht möglich, doch falls Sie Assistenten haben, können diese sich hier besonders nützlich machen.

TOWELLING

Person (A) liegt auf dem Boden und entspannt sich. Der Partner (B) erzeugt für A die äußere Kraft. A wird, auf dem Boden liegend, von B mit dem Handtuch bewegt.

1. Kopf: Legen Sie ein Handtuch unter den Kopf Ihres Partners, und bewegen Sie ihn mit Hilfe des Tuchs in verschiedene Richtungen. Heben Sie ihn leicht an, so daß er nicht mehr dem Einfluß der Schwerkraft unterliegt. Beobachten Sie, wie der gesamte Körper darauf reagiert. Wiegen und drehen Sie den Kopf. Ziehen Sie das Handtuch heraus, und lassen Sie es langsam über die Gesichtshaut Ihres Partners gleiten, als wäre es ein sanfter Wind.
2. Arme: Legen Sie das Handtuch um den Ellbogen oder das Handgelenk. Heben Sie den Arm etwas, und bewegen Sie ihn im Schultergelenk sanft hin

und her. Richten Sie ihn auf, und lassen Sie ihn langsam sinken. Strecken Sie den Arm über den Kopf, und beobachten Sie, wie der gesamte Brustkorb gedehnt wird. Legen Sie den Arm quer über die Brust, und ziehen Sie, bis sich die Schulterblätter abheben und der Oberkörper auf die Seite rollt. Der passive Partner läßt den Arm so schwer wie möglich werden. B versucht vorsichtig auf andere Art, den Arm von A zu bewegen. Beobachten Sie, wie Sie als äußere Kraft Ihren Partner bewegen und wie diese Bewegung in Ihrem eigenen Körper wirkt. Wechseln Sie den Arm. Nachdem Sie den Vorgang mit dem anderen Arm wiederholt haben, lassen Sie zum Abschluß das Handtuch über beide Arme streichen.

3. Beine: Plazieren Sie das Handtuch unter einem Knie. Heben Sie es an. Bewegen Sie das Bein in verschiedene Richtungen. Gehen Sie langsam um den Körper Ihres Partners, und halten Sie dabei das Knie. Legen Sie das Bein quer über den Körper, so daß die Wirbelsäule sich dreht. Beobachten Sie, wie der gesamte Körper auf die Bewegung des Beins reagiert. Finden Sie heraus, wie Beinbewegungen den restlichen Körper beeinflussen. Da die Beine schwer sind, sollten Sie nur Bewegungen ausführen, die Sie selbst noch als angenehm empfinden. Um die Bewegungen zu verstärken, können Sie den Partner in einer Zickzacklinie über den Boden ziehen und auf diese Weise einen Wellen-effekt erzeugen.
4. Wechseln Sie zum anderen Bein.
5. Streichen Sie mit dem Handtuch sanft über den Körper, als wäre es der Wind.
6. Unterbrechen Sie den Kontakt zum Partner.

NATURTANZ

Nachdem die Arbeit mit dem Handtuch abgeschlossen ist, folgt der »Naturtanz«. Hierzu kann eine beruhigende Musik aufgelegt werden.

1. Partner A beendet auf beliebige Weise die Entspannung und tanzt Bewegungen, die als natürliche Reaktionen des Körpers auf das Towelling entstehen.
2. Partner B beobachtet A beim Tanz. Dieser kann fünf Minuten oder länger dauern. Nehmen Sie sich diese Zeit.

3. Wenn A bereit ist, tauschen beide die Rollen. Anschließend wiederholen Sie den Towelling-Teil der Übung. Sie sollten während der gesamten Übung nicht sprechen. Partner A führt nun mit Partner B Bewegungen aus, die B besonders gut gefallen.
4. Nachdem das Towelling abgeschlossen ist, beteiligen Sie sich am Tanz Ihres Partners und versuchen beide, einen Zustand der Entspannung zu erhalten.

Wenn alle Gruppenmitglieder diese Übung abgeschlossen haben, setzen sich die Paare Rücken an Rücken und ruhen sich aus. Welche Bilder, Wörter und Gefühle sind aufgetaucht? Bleiben Sie entspannt, und lassen Sie Ihren Geist treiben. Wenn Sie möchten, können Sie ein Bild von Ihrer Bewegungserfahrung zeichnen. Dazu assoziieren Sie Worte. Beim Schreiben können Sie verschiedenfarbige Kreiden benutzen. Achten Sie darauf, daß Ihre Wörter in einer Beziehung zu Ihren Bewegungen stehen. Fügen Sie aus den aufgeschriebenen Wörtern ein Gedicht. Sprechen Sie über Gedicht und Zeichnung mit Ihrem Partner. Sprechen Sie zum Schluß mit der Gesamtgruppe über Ihre Erfahrungen.

Es folgen einige der Gedichte, die in Zusammenhang mit dieser Übung entstanden sind.

Erde, Körper, atme, atme
Körperatem, der Vogel ruft
Seetang entwirrt sich, Wasser fließt
Luft streichelt Erdkörper
Atme sanft weiches ewiges Licht
jenseits im Westen
berühre das Unbekannte
berühre sanft weiches ewiges Licht
jenseits im Westen,
der Westen, wohin das Leben geht.

Auf sanften Wellen tanzt Sonnenlicht.
In seiner Wärme aalt sich der Delphin,
springt aus dem Wasser und taucht wieder dann hinein.

ABSCHLUSS

Am Ende der Sitzung sollten Sie den Teilnehmern empfehlen, sich im Laufe der kommenden Woche ihre Zeichnung und ihr Gedicht zu vergegenwärtigen, als Aufforderung, sich tief zu entspannen. Benötigt beim Check-out jemand besondere Aufmerksamkeit, so bitten Sie diesen Teilnehmer in die Mitte des Kreises. Alle Gruppenmitglieder fokussieren auf ihre Zeichnung und vergegenwärtigen sich ihr Gefühl des Friedens. Senden Sie diese Botschaft in die Mitte. Führen Sie gemeinsam eine Bewegung aus, die den Übergang in die äußere Welt erleichtert.

ZUSAMMENFASSUNG

Die tiefe Entspannung, die durch die einer Massage ähnelnde Towelling-Übung erreicht wird, steht im Mittelpunkt dieser Sitzung. Alle Teilnehmer erhalten Gelegenheit, ihren Körper zu spüren und eigene Erfahrungen zu machen. Die Benutzung eines Handtuchs ist wichtig, damit die Teilnehmer die passive Bewegung erleben können, ohne darauf reagieren zu müssen. Aus dem tiefen Entspannungszustand, zu dem diese Übung führen kann, entstehen Tänze körperlicher, emotionaler und geistiger Befreiung. Sie ermöglichen uns, reines Gewahrsein und Frieden zu erfahren. Einzigartig ist, daß unser Bewußtsein Bewegung in reiner und natürlicher Form erlebt, ohne daß der an Gewohnheiten haftende Geist Einfluß darauf nehmen kann. Beenden Sie die Sitzung nach der Towelling-Übung, der Anfertigung einer Zeichnung und dem Check-out, bei dem über das während der Sitzung Geschehene gesprochen wird, mit einem Ausdruckstanz.

9. Sitzung: Feier

SPIELERISCHE INTIMITÄT UND HARMONISCHE INTEGRATION

Wie wissenschaftlich ist es, zu glauben, daß Lachen – sowie positive Emotionen im allgemeinen – die Chemie unseres Körpers günstig beeinflußt? Wenn Lachen tatsächlich eine heilsame Wirkung auf die Körperchemie hat, wäre es zumindest theoretisch wahrscheinlich, daß das Immunsystem gestärkt würde. Deshalb nahmen wir Messungen der Blutsenkungsgeschwindigkeit kurz vor und mehrere Stunden nach den Lachepisoden vor. Und jedesmal stellten wir ein Absinken um mindestens fünf Punkte fest. Das Absinken war zwar nicht besonders stark, doch blieb es bestehen und kumulierte. Ich war hocherfreut über die Entdeckung, daß die uralte Theorie, Lachen sei eine gute Medizin, eine physiologische Grundlage hat.

NORMAN COUSINS, *Anatomy of an Illness*

Dies ist die letzte Sitzung der Serie. In ihr geht es darum, Spaß, Humor, Spontaneität und Spiel als wichtige Elemente der Heilung zu erforschen. Ich frage die Teilnehmerinnen oft, was sie in dieser Sitzung tun wollen. Eine Gruppe erwiderte: Lachen, tanzen, spielen und uns selbst nicht zu ernst nehmen. Ich habe daraufhin versucht, einen Plan zu entwickeln, in dem genau das getan werden sollte, und habe festgestellt, daß es eine ausgezeichnete Idee ist, eine Sitzungsserie mit Lachen und Spiel abzuschließen. Dies erinnert die Teilnehmer daran, daß ihr Leben nicht nur aus Leiden und Depression zu bestehen braucht und daß, solange es Leben gibt, auch Spiel und Lachen existieren. Außerdem soll in dieser Sitzung die gesamte Serie zum Abschluß gebracht werden. Deshalb wiederholen wir das Selbstporträt aus der ersten Sitzung und vergegenwärtigen uns in einer Visualisation alle Orte, an denen wir seit Beginn der Arbeit gewesen sind.

CHECK-IN

In dieser Sitzung wird eine spezielle Form benutzt: Bitten Sie alle Teilnehmer im Kreis, eine spontane Bewegung auszuführen, die ausdrückt, wie sie sich im Augenblick fühlen. Dies kann auch in Form von Geräuschen und Worten zum Ausdruck gebracht werden. Anschließend greifen alle die Bewegungen der anderen auf, so daß ein spontaner Gruppentanz entsteht.

SENSORISCHES GEWAHRSEIN

1. Beginnen Sie mit pulsierenden Bewegungen. Der Gruppenleiter übernimmt bei diesem Tanz die Führung. Beziehen Sie auch Geräusche ein.
2. Improvisieren Sie mit dem Puls, und setzen Sie verschiedene Teile Ihres Körpers ein.
3. Wechseln Sie zum Schütteln. Beginnen Sie mit Händen, Armen, Schultern und Wirbelsäule, bis Ihr ganzer Körper sich schüttelt.
4. Führen Sie andere Bewegungen aus, die sich als Reaktion auf das Schütteln und Pulsieren ergeben.

Wenn es in der Gruppe Personen gibt, die in ihrer körperlichen Aktivität eingeschränkt sind, können Sie diese bitten, die Bewegungen auf einem Stuhl sitzend zu verfolgen.

BEWEGUNGSRESSOURCEN

1. Gehen Sie, und lassen Sie dabei Ihre Arme schwingen. Gehen Sie, wie es Ihnen gefällt.
2. Suchen Sie eine andere Person, die Sie begleiten, und lassen Sie sich in Ihrem Gehen von dieser Person beeinflussen.
3. Unterbrechen Sie den Kontakt, und gehen Sie allein. Suchen Sie sich anschließend einen neuen Partner, und entwickeln Sie eine gemeinsame Art, sich zu bewegen.
4. Wiederholen Sie dies so lange, bis jedes Gruppenmitglied mit allen Teilnehmern eine Zeitlang gegangen ist.
5. Die Teilnehmer bilden einen großen Kreis und halten einander an den Händen.
6. Ruhen Sie sich aus. Schauen Sie sich um, und stellen Sie zu jedem Augenkontakt her. Schauen Sie, und lassen Sie sich anschauen.
7. Legen Sie eine ruhige Musik auf, und wählen Sie eine Person aus, die die Gruppe bei einer einfachen Bewegung anleitet, der alle in einer Reihe folgen können.

8. Wenn der Anführer die Führung abgeben möchte, geht er zum anderen Ende der Reihe, und eine andere Person übernimmt seine Funktion.
9. Wiederholen Sie dies so lange, bis jedes Gruppenmitglied die Gruppe geführt hat.

Es gibt noch ein Spiel, das wie folgt ausgeführt wird.

1. Alle Teilnehmer bewegen sich frei im Raum, bis ein Gruppenmitglied »Halt, schau, höre« ruft.
2. Alle anderen folgen dieser Anweisung.
3. Derjenige, der das Haltsignal gegeben hat, erteilt nun den übrigen eine Anweisung, beispielsweise auf dem Boden herumzurollen, sich wie Affen zu verhalten usw.
4. Die Gruppe setzt diese Bewegungen so lange fort, bis jemand anders ruft: »Halt, schau, höre!«
5. Dies wird so lange fortgesetzt, bis eine Anweisung kommt, die allen derart gefällt, daß sie trotz des Haltsignals damit fortfahren.

Dies kann eine sehr ausgelassene Stimmung erzeugen. Deshalb möchte ich Ihnen ein weiteres Tanzspiel vorstellen. Es heißt Soul-Train und gibt den Teilnehmern die Möglichkeit, ihren Übermut und ihre Freude am Spiel zum Ausdruck zu bringen. Die Gruppe bildet zwei Reihen mit so viel Abstand dazwischen, daß zwei Personen vom Ende jeder Reihe improvisierend durch die Mitte tanzen können. Dabei ergeben sich häufig übertriebene Darstellungen von Eigenschaften wie einfältig, stolz, cool, sexy, stark, gemein usw.

Manchmal benötigt die Gruppe überhaupt keine Struktur. Sie brauchen dann nur eine wundervolle Musik aufzulegen, und die Gruppe findet selbst heraus, was zu tun ist.

Legen Sie nach diesem lebhaften Tanz eine Pause ein.

BEWEGUNGSMEDITATION

1. Suchen Sie sich einen angenehmen Platz zum Hinlegen.
2. Konzentrieren Sie sich auf Ihre Füße. Wo sind sie? Welche Form und Farbe haben sie?
3. Bewegen Sie Ihre Füße. Achten Sie darauf, wie die Füße mit den Unterschenkeln und die Knie mit den Oberschenkeln verbunden sind.
4. Richten Sie Ihre Aufmerksamkeit auf die Beine. Wie fühlen sie sich an? Bewegen Sie sie, um sie besser zu spüren. Wie groß oder breit oder klein ist Ihr Bein? Welche Form hat es?
5. Richten Sie Ihre Aufmerksamkeit nun auf das Becken. Spüren Sie, wie die Beine mit dem Becken verbunden sind. Bewegen Sie das Becken. Achten Sie gleichzeitig auf die Verbindung zwischen Becken und Beinen sowie zwischen Becken und Wirbelsäule.
6. Richten Sie Ihr Gewahrsein auf den Atem. Konzentrieren Sie Ihren Atem an der Wirbelsäule, im Brustkorb und in den Schultern. Bringen Sie den Atem anschließend von den Schultern in die Arme und Finger. Spüren Sie Ihre Gelenke und Gliedmaßen.

Lassen Sie den Gruppenmitgliedern genügend Zeit, um Ihre Aufforderungen auszuführen. Geben Sie ihnen Gelegenheit, Ihre Worte mit ihrer eigenen inneren Stimme festzuhalten. Sprechen Sie so sanft, daß Ihre Sätze wie Suggestionen aufgenommen werden, jedoch nicht so leise, daß es den Teilnehmern schwerfällt, sie zu hören.

GEFÜHRTE IMAGINATION

Der nächste Teil der Bewegungsmeditation ist eine Anleitung zur Imagination. Die Teilnehmer liegen noch auf dem Rücken und können sich nun in eine andere Position bringen. Zu Beginn dieses Übungsteils sollten Sie die Körperempfindungen der Teilnehmer wecken. Obwohl ich Ihnen hier verschiedene konkrete Vorschläge mache, wie Sie die Gruppe anleiten können, ist es wichtig, letztlich Ihre

Erstaunliche Veränderungen können in nur fünf Tagen eintreten. Dies sind zwei Selbstporträts, die vor und nach der Arbeit der Gruppe entstanden sind.

eigene Kreativität entscheiden zu lassen. Entwickeln Sie eine Übung, die sich auf das bezieht, was Sie im Laufe der Sitzungen gelehrt haben, und betrachten Sie das, was ich im folgenden geschrieben habe, als ein Beispiel dafür. Es handelt sich um eine rückblickende Zusammenfassung. Lassen Sie zwischen den einzelnen Suggestionen genügend Zeit zur Entspannung.

1. Rufen Sie Ihr verbündetes Tier beim Namen, und bitten Sie es, Sie zu besuchen.
2. Erinnern Sie sich an Ihr Gebet. Nehmen Sie sich Zeit, um den Geist Ihrer Lebenskraft zu ehren.
3. Sehen Sie sich an Ihrem heiligen Ort in der Natur.
4. Entspannen Sie Ihren Körper, und nehmen Sie mit dem beobachtenden Geist Ihren Atem wahr.
5. Atmen Sie durch die Nase ein.
6. Halten Sie inne.
7. Atmen Sie durch den Mund aus.
8. Atmen Sie völlig aus, und verweilen Sie in der Leere.
9. Wenn Ihr Atem wieder einsetzt, folgen Sie seiner Bewegung, und füllen Sie Ihr ganzes Sein damit.
10. Schauen Sie sich mit geschlossenen Augen von innen an. Spüren Sie sich von innen. Stellen Sie sich vor, wie Sie von innen sind.
11. Schauen Sie sich von außen an. Wie sehen Sie aus? Wie fühlen Sie sich?
12. Wo sind Sie? Wie sieht Ihre Umgebung aus?

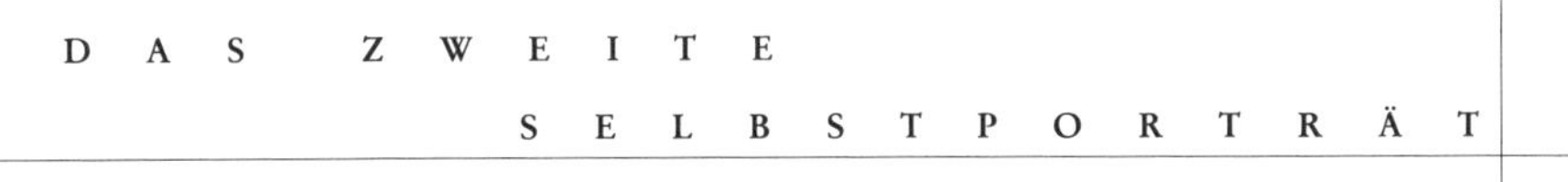

DAS ZWEITE SELBSTPORTRÄT

Halten Sie als Gruppenleiter Papier und Farbstifte bereit. Sie können diesmal ein größeres Stück Papier als gewöhnlich verwenden oder Klebeband bereithalten für den Fall, daß irgend jemand zwei Blätter zusammenkleben und auf einer größeren Fläche malen möchte. Als nächstes soll ein zweites Selbstporträt gezeichnet werden. Dies ermöglicht einen guten Einblick in die Entwicklung der Teilnehmer.

1. Wenn Sie die Visualisationsübung abgeschlossen haben, öffnen Sie die Augen und beginnen, Ihr zweites Selbstporträt zu zeichnen. Das erste Selbstporträt haben Sie am Anfang der Sitzungssequenz gezeichnet. Diesmal haben Sie dreißig Minuten Zeit, um das Bild fertigzustellen.
2. Wenn Sie mit dem Zeichnen fertig sind, schauen Sie sich das Bild an und schreiben einzelne Wörter dazu auf. Aus diesen entwickeln Sie eine Geschichte, ein Gedicht oder ein Lied.
3. Sprechen Sie mit einem Partner über Ihre Zeichnung, und tanzen Sie dieselbe paarweise. Lassen Sie sich so viel Zeit, wie Sie zur Ausführung dieser Übung brauchen.
4. Sprechen Sie mit der gesamten Gruppe über die Selbstporträts.
5. Wenn die Gruppe klein ist, können alle Teilnehmer den anderen ihr Selbstporträt vortanzen.

Es folgen Ergebnisse, zu denen Teilnehmer an diesem letzten Tag der gemeinsamen Arbeit kamen. Eine Frau malte Regenbogenflügel, die für sie Hoffnung, Optimismus, Freiheit und Unabhängigkeit verkörperten. Sie fügte an ihr Bein eine Fessel, doch war die Kette zerbrochen. Eine andere Frau zeichnete in ihrem Selbstporträt solide Füße; sie hatte das Gefühl, eine Verbindung zur Erde entwickelt zu haben. In ihrem ersten Selbstporträt hatte sie sich ohne Füße dargestellt. Ihr Kopf war zum ersten Mal symmetrisch und aufrecht. Eine Teilnehmerin, deren erstes Selbstporträt nur aus einem Gesicht bestanden hatte, zeichnete nun einen vollständigen Körper. In allen Fällen wirkten die späteren Bilder lebendiger, farbiger und ausdrucksvoller.

1. Kommen Sie in einem Kreis zusammen, um sich selbst und einander Ihre Dankbarkeit zu bezeugen.
2. Führen Sie eine langsame Bewegung aus, bei der Sie die Arme allmählich erheben, um die Energie der Erde und der Gruppe emporzuführen. Legen Sie Ihre Hände über dem Kopf zusammen, und lassen Sie die Energie nach oben fließen. Streichen Sie leicht über Gesicht und Körper.
3. Atmen Sie in die Hände, drücken Sie sie gegen Ihr Herz. Schweigen Sie einen Augenblick, und werfen Sie dann die Arme in die Luft, wobei Sie ein leises

»Pah!« ausstoßen. Geben Sie diesem Ausruf eine symbolische Bedeutung, beispielsweise, daß Sie einem nahestehenden Menschen eine Botschaft übermitteln oder die Verbindung zu einer höheren Lebenskraft herstellen. Sie können auch etwas wählen, das für die ganze Gruppe von Bedeutung ist.

ZUSAMMENFASSUNG

An diesem letzten Tag der Gruppe genießen die Teilnehmer einen Augenblick des Feierns und der Leichtigkeit miteinander. Zu Beginn der Sitzung können Sie Bewegungsspiele vorschlagen oder einfach Gelegenheit zu freier Bewegung geben. Wecken Sie die Sinne, und bringen Sie die feierliche Atmosphäre in einem gemeinsamen Tanz zum Ausdruck. Führen Sie die Teilnehmer durch eine meditative Visualisation, in deren Verlauf das Material der vorangegangenen Sitzungen rekapituliert wird: das verbündete Tier, das Gebet, die tiefe Entspannung, das Immunsystem, die Tänze mit der Natur und der Körper als Heiler. Es klingen noch einmal die wichtigsten Elemente aller vorangegangenen Zusammenkünfte an. Dies hilft den Teilnehmern, sich daran zu erinnern, wo sie gewesen sind und was sie mit nach Hause nehmen. Dem gleichen Ziel dient das zweite Selbstporträt. In dieser Situation können Sie als Gruppenleiter auch Verhaltensweisen zeigen, die als Metaphern fungieren: Wenn Sie selbst mittanzen, statt nur zuzuschauen, vermitteln Sie den Teilnehmern, daß sie bei ihrem Heilungsprozeß mit Ärzten und Betreuern zusammenarbeiten können.

TANZRITUALE FÜR DIE GEMEINSCHAFT

ARBEIT FÜR DIE GEMEINSCHAFT VERBINDET MENSCHEN AUF EINER GRUNDLEGENDEN EBENE.

The community takes care
The community takes care of itself
A healthy community takes care
A healthy community takes care of itself
And when there is danger, when there is danger present,
*A healthy community takes care of itself.**

ALLAN STINSON, ***Circle the Earth: Dancing with Life on the Line***

Wenn mehr Menschen Tanz als eine heilende Kunst verstehen, wird der Tanz sich auf natürliche Weise zu einer Gemeinschaftskunst entwickeln. Dies wird der nächste Schritt bei der Wiederentdeckung des Tanzes als eines wichtigen und nützlichen Teils unseres Lebens sein. Nachdem uns klar geworden ist, wie Tanz unseren Körper und unsere Seele zu heilen vermag, werden wir erkennen, welche Rolle seine aktive und kreative Kraft bei der Heilung unserer Gemeinschaften spielen kann. Ich habe in diesem Bereich einige Experimente durchgeführt, über die ich Ihnen berichten möchte. Sie stehen in engem Zusammenhang mit der hier dokumentierten Arbeit, weil sie Tanz aus der gleichen Perspektive sehen: als Vehikel der Transformation und Heilung.

Durch meine Arbeit mit Menschen, die mit ihrer Sterblichkeit konfrontiert werden, habe ich gelernt, daß sowohl Kranke als auch diejenigen, die für sie sorgen und sie pflegen, sich mit einem ungeheuren Maß an Isolation und Angst auseinandersetzen müssen. Während eines Tanz-Workshops erklärte eine Pflegerin einmal wütend, es gefalle ihr überhaupt nicht, ständig mit Todkranken zusammenzusein, weil es sie deprimiere und wütend mache. Dann schaute sie ihre todkranke Tanzpartnerin an, und Tränen traten ihr in die Augen. Sie sagte: »Ich habe Angst, dir zu

---

* *Die Gemeinschaft sorgt,*
die Gemeinschaft sorgt für sich.
Eine gesunde Gemeinschaft sorgt,
eine gesunde Gemeinschaft sorgt für sich.
Und wenn Gefahr droht, wenn die Gefahr da ist,
sorgt eine gesunde Gemeinschaft für sich.

nahe zu kommen, denn wenn du stirbst, werde ich unter einem unerträglichen Schmerz leiden.« Diese Wahrheit auszusprechen ist häufig sehr schmerzhaft.

Beziehungen zu Freunden und Familienmitgliedern verändern sich, wenn Sie Krebs haben. Zum Schmerz der Krankheit kommt in unserer westlichen Kultur häufig noch die Isolation hinzu. Diese Vereinzelung müssen wir bekämpfen. Ich finde, daß in die Heilungsaktivitäten nicht nur die Betreuer von an Krebs oder Aids Erkrankten einbezogen werden sollten, sondern auch Veranstaltungen für diejenigen organisiert werden müßten, die in ihrer Umgebung mit lebensbedrohlichen Krankheiten in Berührung kommen und deshalb ebenfalls der Heilung bedürfen.

Mir ist klargeworden, daß Heilung nicht nur den einzelnen angeht, sondern auch Gemeinschaften betrifft und etwas mit unserer Umgebung zu tun hat. Wir sind von Natur aus Stammeswesen und naturgemäß Bestandteil des Bodens, auf dem wir leben. Ich glaube nicht, daß es gesund für uns ist, isoliert oder allein zu leben, in Familien, die sich von ihren Nachbarn getrennt halten oder in keinerlei Beziehung zu ihrer Umgebung stehen. Doch leben in der urbanen und suburbanen Gesellschaft die meisten Menschen ein völlig indifferentes und entfremdetes Leben, und es mangelt ihnen gewöhnlich an jeglichem Gemeinsinn. Letztlich hat dies zur Folge, daß wir uns frustriert und außerstande fühlen, auf unser eigenes Leben und unsere Umwelt Einfluß zu nehmen. Aus meinem Wunsch, etwas gegen diese Situation zu unternehmen, entwickelte sich die Erforschung von Gemeinschaftsritualen und -tänzen.

In den Jahren 1976 und 1977 organisierte ich mit einem Künstlerkollektiv einen eintägigen *Citydance*, der in verschiedenen Vierteln von San Francisco stattfand. Als Vorbereitung darauf wurden im San Francisco Museum of Modern Art öffentliche Workshops angeboten, in denen mit Hilfe von Bewegung eine gemeinsame Sprache und ein Konzept für Gemeinschaftstänze entwickelt werden sollte. Die Zahl der Teilnehmer schwankte bei diesen Workshops zwischen 100 und 500 Personen, und aus ihnen entwickelte sich schließlich die *Citydance*-Performance. Am Tag der Veranstaltung zogen meine Mitstreiter und ich wie der Rattenfänger von Hameln durch die Stadt und animierten Menschen, sich unserem Zug anzuschließen. Das Ereignis gipfelte in einem wunderschönen Fest auf einem großen Platz im Zentrum von San Francisco. Der *Citydance* fand zur Zeit der Ermordung von Mayor George Moscone und Supervisor Harvey Milk statt, und er war dazu gedacht, unsere Wunden zu heilen und nach jenen schockierenden traumatischen Ereignissen unter den Bewohnern Frieden und Vertrauen zu stiften.

Die Gefühle, die diese riesige Gemeinschaft mit Hilfe des Tanzes als Medium der Transformation erzeugte, waren außergewöhnlich. Die Stärke der bei diesem Anlaß mobilisierten Energie übertraf alle meine Vorstellungen. Mir wurde damals klar, daß große Menschengruppen, die von einer gemeinsamen Intention getragen werden, eine ungeheure, einzigartige Kraft entwickeln können. Ich wollte lernen, diese Kraft für Heilzwecke zu nutzen. Die Erfahrung von Gemeinsinn bildete die Grundlage für spätere Gemeinschaftstanzrituale. In den folgenden zehn Jahren habe ich viele Tanzexperimente mit großen Menschengruppen durchgeführt. Das herausragendste unter diesen trägt den Namen *Circle the Earth*. Es entstand aus einem Tanz, der einen Berg in meiner Heimatgemeinde vom Einfluß eines Mörders befreien sollte. Diese Erfahrung und mein Traum, Tanz zur Heilung von Gemeinschaften einzusetzen, ergab das Tanzritual *Dancing With Life on the Line.* Es wurde 1989 und 1991 aufgeführt. Ihm liegt meine langjährige Arbeit mit Menschen, die an Krebs und Aids leiden, zugrunde. Ich wollte einen Tanz schaffen, der den alltäglichen Tragödien Rechnung trägt und die Menschen als Gemeinschaft zusammenbringt.

Wenn eine große Zahl von Menschen an einem Tanz teilnimmt, entsteht eine außergewöhnliche Kraft, die im Leben aller Teilnehmer und Zuschauer eine Veränderung herbeiführt. Um eine größere Zahl von Menschen auf mein Vorhaben aufmerksam zu machen, ließ ich folgende Nachricht verbreiten: »Seit vielen Jahren wird *Circle the Earth* für das Wohl unseres Planeten getanzt. Innerhalb des Kreises von Gesundheit, Frieden und Vertrauen, den wir verkörpern möchten, ist ein Kreis des Todes, der Isolation, der Ignoranz und der Angst entstanden. Damit der erste Kreis in der Lage ist, diese Krise zu überleben, muß er gestärkt werden und der zweite Kreis durchbrochen werden. Wir bitten Sie, mit denjenigen unter uns zu tanzen, die um ihr Leben kämpfen. Unterstützen Sie dieses Engagement, und würdigen Sie den Mut jener, die mit Krebs und HIV/Aids leben. Wir alle erleben Krieg, Zweifel, Kämpfe und Schmerzen. Nur durch Überschreiten der Grenzen, die wir zwischen uns errichtet haben, und durch gemeinsames Handeln und Fühlen kann das Negative jemals ein Ende finden.« 135 Personen reagierten auf diesen Aufruf! 135 Menschen tanzten, und tausend kamen, um die Tanzenden zu unterstützen und ihnen zuzuschauen. Es kamen Menschen mit Krebs und

Es gibt einen speziellen Tanz für Kinder –
unsere Hoffnung für die Zukunft.

anderen lebensbedrohlichen Erkrankungen; Menschen mit Aids sowie ihre Freunde und Pfleger; Menschen im Alter zwischen 14 und 75 Jahren; Männer und Frauen unterschiedlichster Herkunft; Tänzer und Nichttänzer.

Die Wirkung dieses Ereignisses war ungeheuer stark. Ein Teilnehmer sagte: »Mein ganzes Leben ist verändert worden! Ich habe nun wieder einen Sinn gefunden, der mit völlig abhanden gekommen war. Das habe ich der Gemeinschaft zu verdanken.« Eine andere Teilnehmerin schrieb in ihr Tagebuch: »In der Gemeinschaft teilen wir unsere Möglichkeiten miteinander, um unsere Bedürfnisse zu erfüllen. Durch die Gemeinschaft offenbart sich unsere Verbindung zum gesamten Leben.« Bei einem jungen Mann, der an Aids erkrankt war und dessen T-Zellen-Zahl zu Beginn des Vorbereitungsworkshops bei 40 lag, wurde nach dem Tanz ein Wert von 240 festgestellt. Die Gemeinschaft erzeugte eine so positive Kraft, daß die Teilnehmer in verschiedenen Gruppen zusammenblieben und sich während des folgenden Jahres weiter trafen, um gemeinsam zu tanzen und Rituale auszuführen.

GLOBALE HEILUNG

Dieser Gemeinschaftstanz regte zu vielen weiteren Projekten an. Ein Tanz, der in enger Beziehung zu *Circle the Earth* steht, hat den Namen *Planetary Dance*. Als *Circle the Earth* bekannter wurde und Menschen auf der ganzen Welt daran teilnehmen wollten, empfahl ich ihnen, einen der Tänze aus *Circle The Earth* auf ihre jeweilige Gemeinschaft abzustimmen und dabei Symbole und Bedeutungen zu verwenden, die ihrer Umgebung entsprachen. Diese Idee verbreitete sich wie ein Lauffeuer, und heute wird der *Planetary Dance* jedes Frühjahr in 36 Ländern aufgeführt, um die Geister der Erde und uns selbst in einem Ritual der Heilung, der Erneuerung der Gemeinschaft und der Affirmation des Lebens zu vereinen. Wenn wir den *Planetary Dance* an dem von uns gewählten Ort aufführen, tanzt jeder Teilnehmer für jemanden oder für etwas, der oder das ihm sehr wichtig ist. Manche Menschen tanzen für ihnen Nahestehende, die im Laufe des vergangenen Jahres gestorben sind; andere tanzen für die Heilung der Umwelt oder für die Gesundheit von Menschen, die an Aids oder Krebs erkrankt sind. Es gibt auch einen speziellen Tanz für Kinder, der Wildblumen, ihren Haustieren, einer Welt ohne Tabakkonsum oder den Delphinen gewidmet sein kann. Jeder Teilnehmer widmet seinen Tanz etwas, das größer ist als er selbst. Auf diese Weise wird der Tanz zu einem Gebet. Der Kreis der Heilung wächst.

Ich möchte Sie ermutigen, Ihren Wunsch nach Veränderung und Heilung so umfassend wie möglich zu formulieren und zu verfolgen. Alles, was Sie gelernt haben, und alles, was Sie wissen, hat in dieser dringend erforderlichen Kunstform seinen Raum. Ihre Experimente bringen uns alle einem neuen Verständnis des Tanzes als heilende Kunst, der Macht der Gemeinschaft und dem menschlichen Willen zur positiven Veränderung näher.

Der Geist der Quelle ist tief. Die Quelle des Geistes ist noch tiefer.
Möge der Geist, der uns zusammengeführt hat, uns zusammenhalten und auf dem ganzen Weg für unser Wohl sorgen.

ALLAN STINSON, *Circle the Earth*

»Mein Bär ist furchterregend und größer als ein lebendiger Bär. Doch nur sein Äußeres wirkt beängstigend. Innen ist er sanft und liebevoll. Er sorgt dafür, daß ich keinen Schaden erleide.«

EIN TEILNEHMER FINDET EIN VERBÜNDETES TIER

Einer meiner Kollegen und Unterstützer dieser Arbeit war Dr. Mike Samuels. Es erscheint mir wichtig, einen kurzen Auszug eines von ihm verfaßten Artikels wiederzugeben, damit wir auch die Stimme eines erfahrenen Arztes hören. Dr. Samuels hat festgestellt, daß Kunst und Ritual hochwirksame Werkzeuge der Heilung sind. Kürzlich hatten wir Gelegenheit, uns darüber zu unterhalten. Im Gespräch traten terminologische Probleme und unsere diesbezügliche Frustration zutage. Wenn wir das Wort Kunst verwenden, nehmen viele Leser an, daß wir nur die visuellen Künste meinen. Doch meinen wir beide mit dem Begriff Kunst auch Tanz, Musik, Dichtung, Geschichtenerzählen, Architektur und die Gestaltung der Umwelt. Diese Bereiche bezeichne ich als expressive Künste. Und wen meinen wir, wenn wir vom Künstler sprechen? Ein Künstler kann ein ausgebildeter Tänzer, Maler, Musiker, Dichter, Geschichtenerzähler usw. sein. Doch davon abgesehen befindet sich der Künstler in uns allen. Wir alle sind Künstler. Das ist unser Geburtsrecht.

Auch das Wort Ritual erfordert eine Neudefinition. Das Lexikon definiert den Begriff im Sinne traditioneller religiöser Riten, was zu Mißverständnissen führen kann. Ein Ritual empfinde ich als einen künstlerischen Prozeß, bei dem Menschen zusammenkommen, um sich gemeinsam den Herausforderungen ihrer Existenz zu stellen. Aus dieser Sicht unterstützt ritueller Tanz als transformierende Kraft die Heilung. Kunst ist ein eigenständiges Phänomen, dessen primäre Intention im Gegensatz zum Ritual nicht in jedem Fall Heilung ist. Dr. Samuels hat sich mit diesen Gedanken beschäftigt. Als Lehrer in diesem Bereich erscheint mir seine Theorie von der Brücke zwischen Kunst und Wissenschaft besonders interessant. In einer Kultur, die der Wissenschaft so große Bedeutung beimißt, können die biologischen und physiologischen Erkenntnisse über den kreativen und künstlerischen Prozeß den Glauben an unsere Arbeit stärken.

Mike und ich sind seit langem Freunde, und ich hatte geglaubt, ich würde ihn und seine Arbeit gut kennen. Weit gefehlt. Mir war nicht klar, daß Mike ein Bärentänzer ist. In einem Gespräch mit ihm beklagte ich mich darüber, daß die Wirkung der Alternativtherapien in der Schulmedizin allmählich Anerkennung finde, die Wirkung des Tanzes als heilende Kraft aber immer noch nicht begriffen werde. Daraufhin erzählte er mir die Geschichte seines Bärentanzes. Nachdem er den Bären als sein verbündetes Tier erkannt hatte (näheres hierzu in Sitzung 2: Tiere als Verbündete), versuchte er, sich ein Bärenfell zu beschaffen, um es als

Kostüm zu benutzen. Ich fragte mich, wo man so etwas Ungewöhnliches wie ein Bärenfell finden könnte. Man hatte ihm einen indianischen Händler in New Jersey empfohlen, dem er seine Geschichte erzählte. Der Händler war so beeindruckt, daß er ein wunderschönes Bärenfell aus dem Lager holte und es Mike schenkte. Besonders gern trägt Mike dieses Fell in Kinderkrankenhäusern, wo er nach seinem Tanz die kleinen Patienten auffordert, sich das Bärenfell anzuziehen und ebenfalls zu tanzen. Einige Ideen aus unserer Unterhaltung möchte ich dem Auszug aus Mikes Aufsatz voranstellen.

MIKE: Wir alle suchen nach einer Möglichkeit, unseren inneren Heiler zu befreien. Giftstoffe, die den Krebs töten, und Tanz sind zur Zeit die besten Heilmethoden.

ANNA: Glaubst du das wirklich?

MIKE: Ja, deshalb tue ich diese Arbeit.

ANNA: Das ist sehr ungewöhnlich. Ein tanzender Arzt.

MIKE: Ritual … Weißt du, Tanz gehört meiner Meinung nach dem Bereich des Rituals an.

ANNA: Ja, das ist genau die Art, wie ich mit Tanz arbeite. Der Tanz ist eine Zusammenfassung aller Künste und folglich auch des gesamten Menschen. Darin liegt die Kraft des Heilens.

MIKE: Das ist richtig. Tanz ist der kinästhetische, körperliche Teil des Rituals. Das Ritual ist das Ganze und nimmt in der Erfahrung der Welt eine höhere Position ein. Es erlangt durch die verwendeten Kostüme, durch die Bewegungen, durch die Anblicke und Gerüche, durch das System von Überzeugungen, das es zum Ausdruck bringt, durch seine Geschichte, seine Poesie, seinen Gesang und sämtliche Details, die in seinem Verlauf geschehen, einen sehr realen Charakter. Die verschiedensten Dinge werden so zusammengefügt, daß sie selbst Wirklichkeit werden. Unsere Körperphysiologie glaubt an diese Wirklichkeit und reagiert, indem sie sich verändert. Tanz hat unter allen Kunstformen die stärkste Wirkung, weil das Gehirn dabei am stärksten aktiviert wird. Studien über bildliche Vorstellungen haben ergeben, daß das Bild im »Zustand der bildlichen Vorstellung« sehr schwach ist. Hingegen ist eine Muskelbewegung beim Tanz alles andere als schwach und löst eine große Zahl neuraler Impulse aus.

ANNA: Ja. Wenn man das Bild tanzt, verkörpert man es total. Die körperliche Dimension löst emotionale Reaktionen aus, die das Bild wirklich zum Leben erwecken.
MIKE: Wir versuchen, mit etwas eins zu werden, ohne daß der Verstand Einfluß darauf nimmt oder eine Getrenntheit eintritt, wie der Zen-Buddhismus es beschreibt. Wir wollen, daß ein vollständiges Glaubenssystem entsteht. Tanzen ist eine wundervolle Methode, dies zu erreichen.

Die folgenden Ansichten aus Dr. Samuels' Aufsatz sind nicht nur eine wichtige Ressource für Lehrer, sondern auch für Ärzte, die dadurch hoffentlich dazu angeregt werden, »in seinen Fußspuren zu tanzen«.

KUNST ALS HEILENDE KRAFT

Auszug aus einem Essay von Mike Samuels, M.D.

Wenn ich in diesem Aufsatz von »Kunst« spreche, so meine ich damit alle Kunstgattungen: Tanz, Musik, Malerei, Bildhauerei, Geschichtenerzählen, Dichtung, Architektur und Gestaltung der Umwelt. Jede dieser Formen ist Kunst.

Kunst, Gebet und Heilung entstammen alle der gleichen Quelle – der menschlichen Seele. Die Energie, die diese Prozesse speist, ist die Kraft des Lebens, der Kreativität und der Liebe. Tief in unserem Inneren erinnern wir uns an einen wunderschönen Ort, an dem unserem Geist der Lebensodem eingehaucht wurde. Wir alle sind im tiefsten Inneren unseres Seins mit der Seele Gottes verbunden. Wenn wir in unser Inneres reisen, wird uns ein Blick in die tiefen Räume unseres Lebens ermöglicht; wir spüren sie dann und leben in ihnen. Durch Kunst und Ritual können wir die Erinnerung an sie und ihren Geist wiederaufleben lassen.

Ich glaube, daß die Stimmen der inneren Welt zu uns in einer Sprache sprechen, die am ehesten derjenigen der Kunst ähnelt. Diese Sprache liegt unterhalb der Worte und oberhalb der Stille und ist der Dichtung nahe. Sie ist das Singen und

Tanzen Gottes. Sie ist das Zuhören unserer Seele. Sie ist die Stimme der Lebenskraft, des Strebens nach Expansion und der Liebe in uns. Wenn wir beten, wenn wir nach innen reisen und heilen, können wir Spuren des reinen Geistes von dort mit zurückbringen. Kunst und Ritual sind die Stimmen des Geistes. Sie sind die Energie der Heilung. Kunst und Heilung sind Liebende, die für alle Zeiten unauflösbar durch ein silbernes Band miteinander verbunden sind. Heute erleben Künstler und Heiler die Wiederentdeckung dieser alten Verbindung. In einer Zeit, in der die Kunst zur Dekoration degeneriert ist und ihre spirituelle Bedeutung verloren und in der die Medizin ihre Verbindung zum Herzen und zum intuitiven Geist eingebüßt hat, werden Kunst und Heilung durch das Ritual wieder miteinander verbunden.

Wenn die Kraft Liebe und die Stimme die Seele ist, wenn die Sprache beider Kunst und Ritual sind und ihr Resultat die Heilung, wohin bewegen wir uns dann? Wie gelangt das Ritual in die medizinische Praxis und die Heilung in das Atelier des Künstlers? Kunst und Ritual sind Eingangspforten, die in das Reich des Herzens führen. Sie sind Werkzeuge jener Transformation, nach der wir heute suchen. Sie sind das, was öffnet und verändert. Wenn eine Patientin in der Onkologie von einer Künstlerin besucht und von ihr in das Land des Geistes geleitet wird, die Kranke ein Kunstwerk schafft und weint und zum ersten Mal seit ihrer Aufnahme in das Krankenhaus emotional angerührt wird, ist es zu einer Heilung gekommen. Die Kranke hat ihr Herz der Liebe geöffnet.

Ritual als Vehikel, durch das ein offenes Herz in die Medizin Eingang finden kann, ist eine sehr reale Möglichkeit. Liebe erfordert einen Geliebten und eine Geliebte. Heilung erfordert eine Heilerin und eine Person, die der Heilung bedarf. Die Brücke zwischen beiden ist Kunst und Ritual, die Sprache der Liebe. Wie vermögen Kunst und Ritual zu heilen? Wie kann ein Bild die Wirklichkeit verändern? Wie verändert das Erleben eines Bildes oder die Ausführung eines Tanzrituals tatsächlich die Physiologie unseres Körpers? Wir beginnen gerade erst, die Antworten auf diese Fragen zusammenzutragen. Ich möchte im folgenden kurz beschreiben, wie der menschliche Körper physisch und physiologisch mit den Phänomenen der bildlichen Vorstellung und der Bewegung umgeht.

Gedanken, Emotionen und Bilder entstehen in bestimmten Bereichen des Gehirns; dabei kommen bestimmte Neurotransmitter zum Einsatz. Vorstellungen über Bewegung und Tanz werden in Gehirnbereichen gespeichert, die die

Ausführung von Muskelbewegungen steuern. Sowohl durch die tatsächliche Auslösung einer Bewegung als auch durch Erinnerung daran kommt es zu einer Ausschüttung von Neuronen. Dies wird von den Betreffenden als Bild einer Bewegung erlebt, das aus ihrer Imagination oder Erinnerung stammt. Da beim Tanz so viele propriozeptive sensorische und motorische Nervenbahnen angesprochen werden, wird sowohl die Vorstellung als auch die Erinnerung an eine Bewegung als sehr real und intensiv erlebt. In den Gehirnbereichen, die den Muskeln Botschaften übermitteln, manifestieren sich Bewegungen als Entladungen. Obwohl der Tänzer sich nicht bewegt, reagieren physiologisch die richtigen Muskeln. Von dem Ort, an dem die Bilder der Bewegungen gespeichert sind, werden Botschaften an den Hypothalamus übermittelt und von dort in den restlichen Körper weitergeleitet. Außerdem registriert das Gehirn die Bewegung selbst und übermittelt nach dem Eintreffen dieser Information eine entsprechende Botschaft zum Hypothalamus. Ein Tänzer übermittelt also Botschaften an den gesamten Körper, ganz gleich, ob er tatsächlich Bewegungen ausführt oder sich nur an sie erinnert. In den Gehirnbereichen, die die Bewegung und die Erinnerung daran registrieren, entladen sich Nervenzellen, und Bilder erwachen zum Leben.

Der Hypothalamus aktiviert das autonome Nervensystem, das den gesamten Körper umfaßt und praktisch zu jeder Zelle Kontakt hat. Der sympathische Zweig dieses autonomen Nervensystems löst Kampf-oder-Flucht-Reaktionen aus. Wenn im Großhirn das Bild einer Bedrohung auftaucht, wird der Hypothalamus veranlaßt, das sympathische Nervensystem in Alarmbereitschaft zu versetzen. Daraufhin werden Herzschlag und Atmung beschleunigt, das Blut fließt in die großen Muskeln, im gesamten Körper werden Adrenalin und andere Hormone ausgeschüttet und ein Zustand erhöhter Wachsamkeit herbeigeführt. Die Erinnerung an die Distanz zum Bedrohungszustand oder die Konfrontation und der Kampf mit demselben löst Spannungen auf. Die Stimulation des parasympathischen Nervensystems fördert Entspannung, Heilung und Erhaltung der Gesundheit. Der Herzschlag beruhigt sich, der Blutdruck sinkt, die Atmung wird langsamer, und das Blut sammelt sich im Körperinneren.

Dieses stark vereinfachte Modell soll eine ungefähre Vorstellung davon vermitteln, wie der Geist mit dem Körper verbunden ist und wie Muskelbewegungen den Körper stimulieren. Wenn ein Mensch tanzt oder sich vorstellt, daß er tanzt, wird der Bereich im Gehirn, der Bilder von Muskelbewegungen speichert, stimuliert und übermittelt daraufhin Botschaften an den Hypothalamus. Dies ermöglicht uns, auf die Bilder des Tanzes zu reagieren. Wenn der Tanz tiefe Freude oder Entspannung zum Ausdruck bringt, wird der Körper durch den Hypothalamus in einen heilenden Zustand versetzt. Kommt im Tanz anhaltende Angst oder Anspannung zum Ausdruck, bleibt der Körper angespannt und in jenem physiologischen Zustand, der Streß genannt wird. Außerdem kann unser Körper jede Zelle mit Hormonen überschütten, je nachdem, ob Bedrohung oder Liebe die neuralen Verbindungen im Gehirn anspricht. Der Hypothalamus übermittelt dabei Botschaften an die Nebennieren, die daraufhin Epinephrin, Adrenalin und andere Hormone produzieren, welche sich im Körper ausbreiten und von Rezeptorzellen aufgenommen werden. Dies wiederum hat zur Folge, daß einige Zellen kontrahieren, andere sich entspannen, manche aktiv werden und andere zur Ruhe kommen. Unsere gesamte Physiologie wird zum zweitenmal durch ein Bild oder eine Tanzbewegung verändert, die sich in unserem Bewußtsein befindet und auf die wir reagieren.

Eine wichtige Rolle spielen außerdem die Neurotransmitter. Bildliche Vorstellungen bewegen bestimmte Bereiche im Gehirn, selbst Endorphine und andere Neurotransmitter auszuschütten, welche die Gehirnzellen und das Immunsystem beeinflussen. Die Neurotransmitter lindern Schmerzen und verbessern die Funktionsfähigkeit des Immunsystems. Sie bringen Killerzellen dazu, Krebszellen zu vernichten; sie veranlassen weiße Blutkörperchen, das HIV-Virus anzugreifen, und sie verändern generell die Fähigkeit des Körpers, auf Krankheiten zu reagieren. Wenn ein Mensch tanzt oder sich eine Tanzbewegung vorstellt, die befreiend wirkt oder die inneren Bilder der Heilung aktiviert, verändert die Reaktion des Körpers die physiologische Situation. Ohne daß der Betreffende selbst irgend etwas tut, wird der Körper aktiv.

Wie kommt es zur Heilung? Jenes resonierende System, das wir Körper, Geist und Seele nennen, bringt unsere Physiologie auf die dreifache Weise ins Gleichgewicht: durch Gedanken im Gehirn; durch Herstellung einer Balance im autonomen Nervensystem, im Hormonsystem und im Bereich der Neurotransmitter; und schließlich durch Veränderungen auf Zellebene. Was sind bildliche Vorstellungen, und wie stehen sie zur Heilung? Ich unterscheide zwei Arten von Imagination: die aufgenommene und die programmierte. Die aufgenommenen Bilder kommen zu uns, ob erwünscht oder nicht, und stehen vor unserem inneren Auge. Sie können vor einem weißen Hintergrund erscheinen, aber auch mit Gedanken und anderen Dingen vermischt auftreten. Bei der programmierten Imagination verhält es sich anders. Sie wählen ein Bild und halten es aus irgendeinem Grund in Ihrem Bewußtsein. Die Auswahl kann auf einer bewußten Entscheidung beruhen oder auf eine andere Weise vorgenommen worden sein. In jedem Fall beeinflußt das Bild Ihre Welt. Wie geht dies vor sich? Bilder prägen Ihre Welt, indem sie Ihnen einerseits Ideen vermitteln, mit deren Hilfe Sie Pläne entwickeln können, und andererseits emotionale Motivation, die sie unterstützt, den eingeschlagenen Weg fortzusetzen, und Ihnen überdies einen Sinn vermittelt. Wenn der Mensch ein Bild von der Zukunft vor sich sieht, kann er dieses in die Tat umsetzen. Magisch ist das Bild, das in der äußeren Welt real wird.

Heiler arbeiten mit bildlichen Vorstellungen, indem sie die Patienten auffordern, sich ihre Krankheit, ihre Heilkräfte und ihren Heilungsprozeß vorzustellen. Zunächst stellt sich der Patient seine Krankheit so detailliert wie möglich vor. Dann imaginiert er, wie die Ressourcen des Körpers mit der visualisierten Krankheit fertig werden können. Dies ist ein längerer Prozeß. Biologisch fundierte bildliche Vorstellungen werden wirksam, wenn sie anatomisch zutreffend und detailliert sind. Man hat festgestellt, daß Bilder, die beispielsweise eine bestimmte Art von weißen Blutzellen darstellen, schon eine Veränderung herbeizuführen vermögen. Als nächstes werden die Patienten aufgefordert, eine metaphorische Vorstellung zuzulassen. Dies ist der Zustand, in dem kleine Männer, Hunde oder starkes weißes Licht Schwärze, Schlamm oder andere kleine Männer auffressen oder auflösen. Diese Bilder entstehen häufig spontan, nachdem sich eine Vorstellung der relevanten biologischen Phänomene manifestiert hat. Schließlich ist der Patient in der Lage, ein programmiertes Bild im Geiste gegenwärtig zu halten. Dabei kann er sich vorstellen, er wäre geheilt und von weißem Licht umgeben, er kann sich als Gott sehen, als Machttier oder als stark und immun gegen Krankheiten.

Heilende Kunst kann von Patienten auf zwei Weisen benutzt werden. Nachdem sie die Bilder betrachtet haben, können sie zulassen, daß sich ihr Bewußtsein verändert; oder die Bilder helfen, den Heilungsprozeß oder einen Zustand der Heilung zu visualisieren. Vorstellungen wirken heilend, wenn sie Menschen entspannen, ihr Herz öffnen oder ihnen Energie geben. Monets Wasserlilien wirkten auf viele Betrachter so entspannend, daß Patienten sie im Museum aufsuchten, stundenlang anschauten und vor ihnen meditierten. Eine dritte Möglichkeit,

Kunst zu Heilzwecken zu nutzen, besteht darin, daß man Patienten Bilder zeigt, die sie bewegen. Wenn Patientinnen mit Brustkrebs Kunstwerke betrachten, sich Musik anhören oder sich Tanzvorführungen von anderen Patientinnen, die ebenfalls Brustkrebs haben, anschauen, erschließt ihnen dies häufig den Zugang zu verborgenen Emotionen. Durch das Erlebnis solcher Kunstwerke wird es ihnen möglich, mit ihren Familien, dem Pflegepersonal und den Heilern über für sie problematische Emotionen zu sprechen. Wenn Patienten Kunstwerke von Menschen betrachten, die an der gleichen Krankheit wie sie selbst leiden, werden sie gewöhnlich stark angerührt. Sie empfinden Verbundenheit, ihr Gefühl der Isolation wird schwächer, und tiefe Emotionen gelangen zum Ausdruck. Diese Art von Kunst kann auf andere Menschen belastend wirken, aber es geht bei solchen Bildern nicht um Entspannung und Transzendenz, sondern darum, daß sie das Herz öffnen.

Alle genannten Kunstarten wirken, indem sie das Bewußtsein verändern, Energie befreien und die Seele aufwecken, so daß sie mit Körper und Geist resoniert. Dabei wird das Ritual zur Heilung genutzt. Bilder sind am wirksamsten, wenn sie aus der inneren Welt der Kranken selbst stammen. Sie sind direkt, bedeutungsvoll und manchmal auch beeindruckender als andere Bilder. Doch können auch Bilder von Künstlern eine so machtvolle Wirkung haben, daß sie transformierend wirken, selbst wenn die Patienten keine persönliche Beziehung zu den Betreffenden haben.

Künstler haben immer geglaubt, daß ihren Bildern eine eigenständige Macht innewohnt. Der Schamane war der erste Künstler und Heiler. Er reiste in die innere Welt, nahm Kontakt zu Geistern auf, brachte Heilung mit zurück und schuf Kunstwerke. Er oder sie erzählte Geschichten, stellte Masken her, tanzte das Lied und manifestierte die innere Welt durch das Ritual in der äußeren. Vom Ritual des Schamanen glaubte man, es könne die physische Welt verändern. Wie ist die starke Ausbreitung von Ritualen und Heilungszeremonien auf der ganzen Welt zu erklären? Warum lesen Sie jetzt gerade in diesem Handbuch und praktizieren Tanzrituale als heilende Kunst? Kunst und Ritual als heilende Kräfte werden in jedem Augenblick geboren. Das Konzept fängt Feuer und weckt den Geist der Menschen auf. Die Idee entsteht in der Welt des Künstlers und des Heilers. Kunst im Krankenhaus oder Kunst am Krankenbett sind für die Kranken eine elektrisierende Erfahrung. Sie wird zu einer Tür zur Seele, zu einem Vehikel, das

das Herz öffnet. Sie ist ein integraler Bestandteil der Heilung. Es gibt mittlerweile Künstler, die ihre künstlerische Arbeit bewußt der Heilung widmen. Dies ist ein völlig neuer Kunstbereich. Meiner Meinung nach heilt diese Art von Arbeit sowohl den Künstler selbst als auch die Welt. Sie befreit die heilende Energie des Künstlers und resoniert mit seinem Körper, seinem Geist und seiner Seele. Künstler können auch Kunst schaffen, um einen anderen Menschen oder eine bestimmte Gruppe zu heilen. Dies ist transpersonale Heilung, die Kunst der wechselseitigen Beziehung, die unsere Zentren miteinander verbindet. Kunst heilt dann, indem sie die Energie des Betrachters befreit, sie entspannt und sie in eine Resonanz zu Körper, Geist und Seele treten läßt. Eine neue Kunstrichtung heilt die Welt. Ein Beispiel hierfür ist der *Planetary Dance*. Der Künstler arbeitet mit der Energie des gesamten Systems, ob es sich dabei um ein Wohnviertel, ein Ökosystem oder den gesamten Planeten handelt. Diese Kunst kann zeremoniell, umgebungsbezogen, aktionsreich oder statisch sein. Dabei werden Gemeinschaft, Energie und Bewegung erfaßt. Sie ist wahrhaft schamanisch und bringt die Welt ins Gleichgewicht.

Die zweite Art von heilender Kunst wird von den Patienten, in ihrem Bemühen, sich zu heilen, selbst geschaffen. Kunst am Krankenbett, Tanz mit Krebspatienten, Kunst-Workshops, Kunst- und Tanztherapie, Ausstellungen in Krankenhäusern und die künstlerische Gestaltung von Heilungszentren – all dies sind Spielarten heilender Kunst. Es spielt keine Rolle, ob heilende Kunst von einem Künstler oder einem Patienten geschaffen worden ist. Die Krebspatientin, die tanzt, befreit ihre innere Künstlerin und ihre innere Heilerin. Die archaischen Bewegungen ermöglichen es ihr, sich sowohl physiologisch als auch spirituell zu verändern. Dies ist keine passive Kunstform. Heilende Kunst ist nicht zum bloßen Anschauen gedacht. Sie ist vielmehr eine Lebenskraft. Diese Kunst ist dazu da, die Wirklichkeit zu verändern. Sie hat die Macht, zu transformieren.

Wir befinden uns am Anfang einer wundervollen Reise. Anna Halprins Arbeit ist einer der ersten Schritte auf diesem Weg. Stellen Sie sich vor, wohin wir gelangen können, wenn es in jedem Krankenhaus Kunst, Musik und Tanz gäbe – Kunst für jeden, der krank ist. Stellen Sie sich vor, daß Kunst einen Menschen begeistert, der kurz vor seinem Tod steht. Stellen Sie sich vor, Sie wären verliebt.

MIKE SAMUELS, M.D.
Leiter von Art as a Healing Force, Kalifornien
März 1997

Niemand ist ein Außenseiter.

AUF DEN AUGENBLICK ANTWORTEN

EIN GRUPPENRITUAL.

»Bei der Heilung ist alles möglich, aber nichts gewiß.«

MAUREEN REDL

Eine der Herausforderungen bei der Arbeit mit lebensbedrohlich erkrankten Menschen ist die häufig auftretende Kluft zwischen meinen Plänen und der Situation, die ich beim Betreten des Arbeitsraums antreffe. Manchmal erscheint es mir geradezu beängstigend, wie gewaltig dieser Abstand ausfällt. Es gibt Situationen, in denen mir alle Unterrichtspläne der Welt nicht helfen, mit der Realität zurechtzukommen. Jemand ist gestorben. Jemand liegt im Sterben. Jemand hat schreckliche Angst vor dem Sterben. All das gehört dazu, wenn man mit Menschen arbeitet, die an lebensbedrohlichen Krankheiten leiden. Wir schauen dabei ständig dem Tod und unserer eigenen Angst vor dem Tode ins Auge.

Die vorangegangenen Lektionen sind zweifellos wichtig, doch enthalten sie nicht alles, was bei der Arbeit mit Schwerkranken von Bedeutung ist. Es ist unerläßlich, so wach und mitfühlend wie möglich auf die immer wieder auftauchenden Tatsachen des Lebens und Todes zu reagieren. Ich versuche, den gesamten Schatz meiner Erfahrungen und Fähigkeiten als Lehrerin, Künstlerin, Überlebende und Mensch einzubringen. Ich bin im Laufe der Zeit sehr sensibel für die Angst vor dem Tode geworden, die früher oder später jeden überkommt, der mit einer lebensbedrohlichen Krankheit ringt.

Manchmal werde ich gefragt, ob man Krebs überlebt haben muß, um diese Art von Arbeit leisten zu können. Ich glaube nicht, daß dies die Voraussetzung ist, doch muß man sich mit der eigenen Einstellung zum Tode ebenso auseinandersetzen wie mit tiefgreifenderen Lebensfragen. Die Geschichten und Tänze der Kursteilnehmer sowie die Präsenz der Teilnehmer selbst wirken zutiefst anrührend. Außerdem habe ich gelernt, daß es nötig ist, die Intensität unserer eigenen Gefühle zu erfahren. Wir dürfen uns nicht durch eine mitleidsvolle Pose distanzieren, sondern müssen Angst, Traurigkeit oder Freude zulassen, wenn diese Gefühle in unserem Leben auftauchen. Es ist ungeheuer wichtig, sich selbst weiterzuentwickeln und diesen Prozeß im eigenen Inneren bewußt zu erleben. Tanzen Sie, bewegen Sie sich, zeichnen und schreiben Sie. Dies wird Sie auch vor dem Burnout-Syndrom bewahren. Der Prozeß wirkt nährend und gibt Ihnen einen Teil dessen zurück, was Sie Ihren Schülern geben.

Als ich begann, mit Menschen zu arbeiten, die lebensbedrohlich erkrankt waren, empfand ich ein sehr starkes Verantwortungsgefühl. Ich glaubte, diese Art des Lehrens erfordere eine Tiefe und Vollkommenheit, die nur durch intensive Planung, Vorbereitung, Klarheit und »Tun des Richtigen« zu erreichen sei. Am Anfang vermittelte mir die Vorbereitung meiner Kursarbeit und die Arbeit innerhalb dieser festgelegten Parameter ein Gefühl der Sicherheit. Nachdem ich etwas Erfahrung gesammelt hatte, vertraute ich zunehmend meinen spontanen Reaktionen auf die Menschen, mit denen ich arbeitete. Auch heute ist es für mich immer noch wichtig, meine Kurse zu planen und mir der spezifischen Probleme von Menschen mit lebensbedrohlichen Krankheiten bewußt zu sein, doch ergänzt meine Fähigkeit, spontan auf Situationen zu reagieren, den Unterricht positiv.

Ich habe einige Prinzipien entdeckt, auf die ich mich beim Lehren expressiver Bewegung ständig beziehe. Zu diesen zählen:

- *Rückkehr zu meinem Körper,* um auf den Augenblick zu reagieren. Wie hat diese Geschichte oder Situation auf mich gewirkt? Wie fühle ich mich, und was kann ich für mich selbst tun, um angemessen auf den Augenblick reagieren zu können? Welche persönlichen Ressourcen stehen mir zur Verfügung? Werden meine persönlichen Reaktionen auch der Gruppe nützlich sein?
- *Empathie.* Verfolgen Sie aufmerksam jedes Wort, das die einzelnen Teilnehmer sprechen. Achten Sie darauf, in welchem Ton Dinge gesagt werden, und beobachten Sie die Körpersprache der Sprechenden sowie die Reaktion der Gruppe. Versuchen Sie, sich in das Erleben des anderen hineinzuversetzen.
- *Suchen Sie einen Behälter.* Meine Aufgabe als Lehrerin besteht darin, einen Behälter in Form einer Aktivität anzubieten, die es allen Teilnehmern ermöglicht, sich auszudrücken und ihre Stagnation und selbstzerstörerischen Kräfte zu transformieren. Der Behälter besteht aus den Medien der expressiven Künste – Bewegung, Zeichnen, Schreiben, Singen, Rezitieren, Geschichtenerzählen und Sprechen. Es gibt keine zwei Menschen, die einander völlig gleichen. Jeder Mensch lebt in einem einzigartigen Körper mit individuellen Reaktionen. Man kann Menschen erläutern, *was* sie tun sollen, ohne ihnen vorzuschreiben, *wie* sie es tun sollen. Dies ermöglicht den Kursteilnehmern, ihre eigenen Bilder, Gefühle und Bewegungen zu erschließen. Eine Anweisung wie »erhebe dich und laß los« sagt

den Teilnehmern, was sie tun sollen. Doch kann einer die betreffende Bewegung im Stand ausführen, der andere bewegt sich durch den Raum. Einige werden sich zusammentun, während andere lieber allein bleiben.

- ***Vertrauen Sie dem Prozeß.*** Falls Sie Zweifel haben, bewegen Sie sich, zeichnen, schreiben oder sprechen Sie. Denken Sie daran, daß Sie den Prozeß nicht zu kontrollieren oder zu manipulieren brauchen. Niemand erwartet von Ihnen, daß Sie all die Antworten im voraus wissen. Sie unterstützen einen Prozeß, der sich vor Ihnen entfaltet. Vertrauen Sie darauf, daß der Prozeß des Tanzens, Schreibens, Zeichnens und Sprechens die notwendige Heilung hervorbringt.

Ich greife auf diese Parameter immer wieder zurück und kombiniere sie ständig auf neue Weise. Dieser offene Lehrstil ermöglicht mir, spezifisch auf die Vorgänge im Arbeitsraum zu reagieren. Ich achte stets auf die Ausgeglichenheit zwischen der Reaktion auf das augenblickliche Geschehen und der Arbeit mit den zentralen Themen. Flexibilität ändert nichts an der Notwendigkeit, jene Pläne zu entwickeln, die ich an früherer Stelle in diesem Buch beschrieben habe, doch ermöglicht sie mir, unmittelbarer auf die bei den Teilnehmern spontan auftauchenden Reaktionen und Gefühle einzugehen. Das Allerwichtigste ist dabei, auf den sich entfaltenden Augenblick zu reagieren und alle Ressourcen zu nutzen, die seiner Transformation dienen.

Die folgenden vier Geschichten beschreiben Lehrsituationen, die ich persönlich erlebt habe. Sie veranschaulichen, wie ich meine im voraus entwickelten Arbeitspläne den aktuellen Bedürfnissen der Teilnehmer anpaßte. Sie werden feststellen, daß es sich in allen Fällen um eine kreative Reaktion auf das handelt, was die Teilnehmer mir über ihre Angst vor dem Tod, über Transformation und über das Sterben offenbarten. Die Geschichten sind so geschrieben, daß Sie als Leser nicht nur Einblick in das erhalten, *was* ich im jeweiligen Fall tat, sondern auch sehen, *warum* ich es tat. Ich hoffe, daß diese Beispiele Ihnen helfen werden, Ihre Fähigkeiten und Ihre Imagination zu nutzen und das nötige Vertrauen zu entwickeln, um eigenständig auf aktuelle Geschehnisse reagieren zu können.

EIN TODESFALL IN DER GRUPPE

Peggy Rogers, Leiterin der Patientenbetreuung am Menlo Park Cancer Support and Education Center, kam vor Beginn eines Kurses zu mir und teilte mir mit, ein Mitglied der Gruppe sei gestorben. Sie fragte mich, ob ich für solch eine Situation ein Ritual wüßte. Es war mein erster Arbeitstag mit dieser Gruppe und ich kannte die einzelnen Teilnehmer nicht. Auch die verstorbene Person war mir nicht bekannt. Ich besitze keine Formel für die Schnellentwicklung von Ritualen, doch stand ich nun einmal vor der gegebenen Situation.

Zu Beginn der Arbeit saßen die Teilnehmer auf Stühlen und im Kreis. Peggy teilte der Gruppe mit, was geschehen war. Es war absolut still im Raum. Da diese Gruppe bereits einige Zeit zusammenarbeitete, waren die einzelnen sehr vertraut miteinander. Für sie war es so, als wäre ein Familienmitglied gestorben. In dieser trauernden Atmosphäre stellte ich mich kurz vor, sagte, daß ich die verstorbene Person nicht kennen würde, mir aber vorstellen könne, daß es für alle Anwesenden sehr traurig sei, ein Mitglied ihrer Gruppe zu verlieren.

Ich näherte mich der Situation mehr von Trauer und Verlustgefühlen bestimmt, als vom eigentlichen Tod.

Als erstes bat ich die Teilnehmer, sich zu erheben. Ich sagte ihnen, daß Stehen eine Möglichkeit sei, einem Menschen die Ehre zu erweisen.

Stehen vermittelt Respekt. In meiner Tradition ehren wir die Erinnerung an Verstorbene, indem wir aufstehen und bestimmte Gebete sprechen. Wir stehen auf, um Nationalflaggen zu grüßen. In der Tradition der amerikanischen Ureinwohner stehen die Menschen auf, wenn verschiedene Stämme in den Pow-wow eintreten. Die Gruppe mußte angesichts des Todesfalls eine besondere Haltung einnehmen. Es wäre einfach nicht angemessen gewesen, wenn wir sitzen geblieben wären. Außerdem hatte ich das Gefühl, daß das Stehen bei den Teilnehmern eine Reaktion auslösen könnte, denn durch die Todesnachricht waren alle erstarrt. Stehen kann Bewegung initiieren. Außerdem impliziert diese Haltung ein Sicherheben.

Wir bildeten stehend einen Kreis und gaben einander die Hände.

Menschen, die einen Kreis bilden, können zu einer Einheit werden. Ich erinnere mich noch gut daran, wie ich nach meiner Operation im Krankenhaus lag und meine Mutter mich besuchte. Ich litt unter Schmerzen und fühlte mich emotional völlig erschöpft. Als sie mein Zimmer betrat, sagte ich als erstes zu ihr: »Halte meine Hand.« Ich weiß aus eigener Erfahrung, daß Händehalten sehr tröstend wirken kann.

Ich ermutigte die Gruppenmitglieder, den Geist von Mary (dies ist nicht der wirkliche Name der Verstorbenen) und die Erinnerung an sie in das Zentrum unseres Kreises zu bringen, während sie gleichzeitig tief atmeten. Ich sagte: »Wenn ihr einatmet, bringt ihr eure Erinnerungen an Mary in euer Inneres. Wenn ihr ausatmet, stellt euch vor, daß jene Erinnerungen in unserem Kreis zirkulieren. Auf diese Weise werden alle unsere Erinnerungen zusammenkommen.«

Ich beschloß, die Atmung einzubeziehen, um den Teilnehmern die Entspannung zu erleichtern. Die Verbindung zum Atem löst Angst auf und wirkt nährend. Das Atmen ist eine grundlegende Methode, in den eigenen Körper zurückzukehren, der Heimat des Selbst. Das Sicherinnern hilft einer Gruppe, eines verstorbenen Mitglieds zu gedenken. Durch das Mitteilen von Erinnerungen entsteht ein kollektives Erlebnis der Wertschätzung und liebevoller Gefühle.

Ich forderte die Gruppenmitglieder auf, beim Ausatmen einen Seufzer oder Laut auszustoßen und Mary auf diese Weise Gedanken und Empfindungen zuzusenden. Das Hervorbringen von Lauten oder Klängen ist eine sehr persönliche und gleichzeitig kollektive Möglichkeit, Gefühle auszudrücken und zu vertiefen. Das Lauten ist mit zahlreichen Hemmungen belastet. Viele Menschen haben Angst, sie könnten dabei gehört werden. Die musikalische Begleitung einer solchen Übung kann den Teilnehmern zu einem freieren stimmlichen Ausdruck verhelfen. Für Menschen, die es nicht gewöhnt sind, in der Bewegung ihre Stimme zu benutzen, kann die gleichzeitige Arbeit mit Stimme und Körper zu einer reichen und sehr emotionalen Erfahrung werden – sofern sich die Betreffenden dazu animieren lassen.

Dem Gesang entnahm ich, welche Art von Gefühlen die Gruppe beherrschte, und bot eine wiegende Bewegung an.

Der Gesang klang nostalgisch, nicht traurig und auch nicht trauernd. Er war lieblich und sanft. Ich stellte mir vor, daß Mary eine sanfte Person gewesen sein mußte. Die wiegende Bewegung schien der Energie des Gesangs zu entsprechen.

Die Gruppe fing an, sich hin und her zu wiegen. Ich tanzte und bewegte mich im Einklang mit ihr. Langsam entwickelte ich die Bewegung weiter. Arme und Kopf kamen hinzu, sie wurde ausladender, und ihre Dynamik variierte. Die Gruppe folgte mir allmählich.

Da sie immer noch Anleitung zum Ausdruck ihrer Gefühle zu brauchen schienen, begann ich zu tanzen und verschiedene Bewegungsmöglichkeiten vorzuführen. Dabei achte ich auf den Augenblick, in dem ich mich zurückziehen und den Teilnehmern das Feld überlassen kann.

Ich forderte sie auf, sich nach den Lauten, die sie hervorbrachten, zu bewegen.

Ich wußte, daß Bewegung ihnen helfen würde, ihren Gesang weiterzuentwickeln und daß der Gesang sich positiv auf die Entwicklung ihrer Bewegung auswirken würde.

Gesang und Bewegung bauten sich auf. Es entwickelte sich ein starker Beat, als die Dynamik stärker wurde und die Teilnehmer anfingen, sich im Einklang mit ihren Gefühlen zu bewegen. Die Kraft floß in ihre Beine und Füße, und ihr Körper wurde lebensfroher. Ich legte eine Musik auf, die ihren rhythmischen Ausdruck unterstützte.

Die Stimmung im Raum veränderte sich nun. Ein gemeinsamer Puls erzeugt mehr Energie und Aktivität. Er kann sehr motivierend wirken und die Entwicklung neuer Bewegungen fördern.

Während wir tanzten und sangen, forderte ich einzelne Teilnehmer auf, über ihre Erinnerungen an Mary zu berichten. Derweil war im Hintergrund weiter der Gesang zu hören. Dies alles dauerte recht lange, weil die Gruppe viele Mitglieder hatte und jeder auf die Erinnerung des anderen zu reagieren begann.

Durch den Austausch der Erinnerungen und das gleichzeitige Tanzen schienen die Teilnehmer zu einem gewissen Abschluß zu gelangen.

Ich bat die Gruppe, sich Mary visuell vorzustellen. Welche körperlichen Eigenarten hatte sie? Wie klang ihre Stimme? Wie war es, wenn sie lachte oder weinte? Wie sähe ein Bild von Mary aus, das die Teilnehmer vor ihrem geistigen Auge zeichnen würden?

Ich bereitete mich darauf vor, ein Bild zu entwerfen. Ich spürte, daß die Gruppe ihren kollektiven physischen Ausdruck abgeschlossen hatte. Alle mußten nun wieder zu sich selbst zurückkehren und in ihrer Erinnerung etwas schaffen, wodurch ein Abschluß entstünde.

Es galt, sich an Mary in ihrer schönsten Stunde zu erinnern oder an einen Augenblick, in dem ihre innere Schönheit zutage getreten war. Ich bat die Teilnehmer, sich Mary gesund und lebenssprühend inmitten der Natur vorzustellen. Dann sollte Mary im Mittelpunkt unseres Kreises imaginiert werden, wo sie mit uns frei und spontan singe und tanze. Schließlich ließ ich die Anwesenden ein Bild von ihren Gefühlen zeichnen.

Ich gab der Gruppe nicht den Auftrag, Mary zu zeichnen, sondern ihre Gefühle Mary gegenüber darzustellen. Auf diese Weise konnten sie zu ihrer eigenen Erfahrung mit Mary zurückkehren und zu dem, was Marys Tod in ihnen zutage gefördert hatte.

Danach saßen alle in einem Kreis und zeigten einander ihre Zeichnungen. Ich sagte: »Macht diese Zeichnung zu eurer Art, von Mary Abschied zu nehmen.« Einige Anwesende schrieben Gedichte und Botschaften für sie. Einige weinten, als sie den anderen ihre Zeichnungen zeigten. Ich ließ der Gruppe Zeit, sich vorzustellen, wohin Mary gegangen und was diese für eine Erfahrung sein mochte. Viele Zeichnungen zeigten, wie die Ausführenden Mary als Tote sahen.

Die Verbundenheit der Gruppe mit Mary und die Liebe und Zuneigung ihr gegenüber bewegten mich sehr. Mir war klar, daß das, was sie einander mitteilten, mit dem Leben nach dem Tode zu tun hatte. Sie sprachen über Marys Tod, aber gleichzeitig auch über das Geheimnis der Trauer, des Verlustes und des Todes, das uns alle betrifft. Dies entnahm ich den Gedichten und dem, was einzelne Teilnehmer sagten. Während sie noch sprachen, dachte ich über die aktuelle Situation hinaus. Was sollten wir mit diesen Zeichnungen tun? Die Teilnehmer erzählten von Marys Mann, der Mitglied ihrer Unterstützungsgruppe gewesen war, und nahmen Anteil an seinem schweren Los. Ich hatte mir vorgenommen, keine Empfehlungen bezüglich des weiteren Umgangs mit den Zeichnungen zu geben. Ich wollte den Teilnehmern nur klarmachen, daß die Zeichnungen nicht allein für sie selbst, sondern auch für andere von Bedeutung seien.

Deshalb schlug ich der Gruppe vor, die Zeichnungen entweder Marys Mann zu geben oder sie für sich zu behalten. Einige entschlossen sich, ihre Zeichnungen im Behandlungszentrum aufzuhängen, um sie der Allgemeinheit zugänglich zu machen, andere besuchten Marys Mann und schenkten ihm ihre Zeichnungen.

Die Teilnehmer wollten ihre Zeichnungen anderen geben, um auf diese Weise ihre Liebe zu Mary darzustellen und ihren Wunsch zum Ausdruck zu bringen, daß sie sicher auf die andere Seite gelange.

Danach hatte ich das Gefühl, daß wir dies alles zu einem Abschluß bringen mußten. Wir mußten Mary loslassen.

Ich benutzte eine traditionelle buddhistische Geste, bei der man die Hände vor der Brust in Gebetshaltung faltet, tief einatmet, ausatmet, dann die Hände zum Himmel erhebt und den Laut »Pah« ausstößt. In diese Geste bezogen wir alle Bilder der Teilnehmer ein. Wir stellten uns vor, daß sie in unseren Händen und Herzen versammelt waren, und gleichzeitig schickten wir die Bilder zu Mary, wo immer sie sein mochte.

VERZWEIFLUNG TRANSFORMIEREN

Ich arbeitete mit einer Gruppe von Menschen, die offensichtlich verzweifelt waren. Beim Check-in stellte sich heraus, daß sie unter starkem Kummer und Schmerz litten. Jeff, ein junger Mann, der an Aids und Knochenkrebs litt, teilte uns mit, er sehe nicht mehr den geringsten Sinn in seinem Leben. Er konnte nicht mehr Fahrrad fahren und auch nicht mehr mit Kindern arbeiten, eine Tätigkeit, die er sehr liebte. Er hatte beim CVJM unterrichtet und den größten Teil seiner Freizeit mit Tanzen und sportlichen Aktivitäten verbracht. Er konnte nichts mehr von dem tun, was ihm in seinem Leben einmal wichtig gewesen war. Ein anderes Gruppenmitglied fühlte sich ähnlich mutlos. Diese Frau hatte den Krebs zeitweise bezwungen, doch dann war es zu einem Rückfall gekommen. Nacheinander erzählten die Anwesenden von Entmutigung, Verzweiflung und dem Gefühl der Vergeblichkeit all ihrer Bemühungen.

Meine Kursteilnehmer beobachte ich ausgiebig. Ich achte darauf, wie sie sitzen: ob sie sich zurücklehnen, ob sie vornübergebeugt sind, ob ihr Körper nach oben oder nach unten strebt. Ich merke, ob sie im Bereich der Augen, Lippen und Kiefer Anspannung oder Entspannung zeigen oder ob sie in die Ferne starren. Ich sehe, welche Gesten ihre Hände oder Füße ausführen, ob sie ihre Beine oder Arme verschränken und den Atem anhalten. Die Mitglieder dieser Gruppe wirkten sehr zurückgezogen. Einige saßen vornübergebeugt und starrten zu Boden. Andere schauten besorgt diejenigen an, die beim Check-in über ihre Schmerzen gesprochen hatten. Während ich dies beobachtete, bemerkte ich, daß ich flach atmete und nervös war. Ich bewegte unablässig meine Hände oder hielt sie angespannt. Mir fiel auf, daß ich ständig das Bedürfnis verspürte, meinen Bauchgefühlen Beachtung zu schenken.

Ich forderte die Gruppe auf, gemeinsam tief einzuatmen und die Luft anschließend mit einem Seufzer wieder auszustoßen.

Meinem Gefühl nach war die Gruppe von Angst beherrscht, und es gab eine gewisse Explosivität. Der Umgang mit Angst erfordert einen geeigneten Behälter. Doch da die Gruppe keine Bereitschaft spürte, sich mit der Angst auseinanderzusetzen, bewegte ich mich nicht in diese Richtung. Ich sah die Angst nicht, sondern stellte sie mir vor. Niemand saß tatsächlich vornübergebeugt. Niemand biß die Zähne aufeinander, krampfte die Kiefer zusammen, ballte die Hände zu Fäusten oder bewegte seine Beine nervös hin und her. Ich wollte keine Reaktion erzwingen oder erfinden. Vielmehr hörte ich Menschen zu, die bereit waren zu sterben, bereit, den Kampf einfach aufzugeben. Ich wendete mich mir selbst und meinem Körper zu. Was wollte er? War es möglich, zum Atem durchzudringen? Würden sie sich darauf einlassen? Wenn nicht, das war mir klar, konnte ich diese Idee aufgeben und etwas anderes ausprobieren.

Ich sagte: »Wir wollen nun in die Resignation gehen und schauen, wohin sie uns führt.« Falls das noch nicht klar genug gewesen wäre, hätte ich hinzufügen können: »Wohin will die Bewegung euch geleiten?« Wir atmeten mit einem Seufzen aus. Anschließend atmeten wir tief ein und schufen auf diese Weise einen Kontrast zwischen unserem Ausatmen und der Fülle unseres Einatmens. Dies wirkte erfrischend.

Als ich einatmete, merkte ich, daß auch andere dies taten. Es schien zu funktionieren. Ich konnte weitergehen.

Wir entwickelten das Einatmen, indem wir es durch die Bewegungen der Hände und Arme unterstützten.

Ich fragte mich, ob die Teilnehmer bei mir waren. Waren sie bei der Bewegung? Ich versuchte, meine Anweisungen so klar zu formulieren, daß die Teilnehmer folgen konnten, ohne mich anzuschauen. Dies erleichterte ihnen, bei ihrer eigenen Erfahrung zu bleiben. Wenn ich eine Bewegung aus dem Atem heraus entwickle, höre ich auf die Zeichen meines Körpers und benutze sie als Ressourcen.

Wir entwickelten die vom Atem ausgehende Bewegung, indem wir allmählich Wirbelsäule und Kopf einbezogen. Beim Ausatmen ließen wir unsere Schultern sinken. Es dauerte nicht lange, bis eine kreisförmige Bewegung entstand: Unsere Arme erhoben sich wie zum Gebet und fielen dann herab, als ob wir aus der Erde Kraft aufnehmen wollten.

Ich beschloß, mit der Verzweiflung der Teilnehmer zu arbeiten, denn sie war in den verbalen und körperlichen Äußerungen zutage getreten. Dabei traf ich meine Entscheidungen aufgrund deutlicher, nachvollziehbarer Signale. Wäre ich meiner Imagination gefolgt, hätte ich ihnen etwas von mir aufgezwungen, und unsere Bewegungen hätten nicht ihren Gefühlen entsprochen. Wenn Menschen sich darauf einlassen, eine Bewegung auszuführen – im konkreten Fall die des Sichaufrichtens, Ausatmens und Sichfallenlassens –, so muß diese einer emotionalen Reaktion entsprechen. Andernfalls gäbe es kein Motiv, einer solchen Bewegung zu folgen.

Während der Arbeit müssen immer wieder Entscheidungen gefällt werden. Dies ist eine große Herausforderung, weil sich nicht jeder zu jeder Zeit am gleichen Ort befindet. Für manche Teilnehmer ist es wichtig, länger im Bereich des Physischen zu verweilen, während andere schon bereit sind, aus der Bewegung Bilder zu entwickeln. Dies wirft ein weiteres Entscheidungsproblem auf. Ich frage mich dann: »Wie können diese Bilder noch stärker in ihr Leben und ihre Erfahrung integriert werden?«

Wenn ich bei der Entwicklung des Materials den unterschiedlichen Bedürfnissen der Teilnehmer gerecht werden möchte, sage ich einfach: »Fühlt euch frei, die Bewegung des Sammelns, Erhebens und Loslassens so weiterzuentwickeln, wie es sinnvoll erscheint.« Danach werde ich Zeugin, wie die einzelnen Teilnehmer die Bewegung auf ihre ureigene Weise weiterentwickeln.

Sobald ich merke, daß Teilnehmer die Bewegung auf eigenständige Weise formen, weiß ich, daß sie mit einem Bild arbeiten, selbst wenn sie sich dessen nicht bewußt sind. Warum sonst sollte ein Teilnehmer kleine wellenförmige Bewegungen ausführen, während ein anderer sich schüttelt? Einige Teilnehmer begannen mit Bildern zu arbeiten, während andere offensichtlich nach Bildern suchten.

An diesem Punkt wird abermals eine Entscheidung notwendig: Wohin sollen wir uns als nächstes bewegen? Ich könnte sagen: »Wenn ihr von einem Bild ausgeht, lasst euch bei der Weiterentwicklung der Bewegung einfach von diesem leiten. Erhebt euch vom Stuhl, bewegt euch durch den Raum und lasst den Laut des Bildes ertönen.« Falls einige aufstehen wollen und andere sich lieber nach unten ziehen lassen, unterstütze ich beide Entwicklungen.

Nachdem ich den Teilnehmern Gelegenheit gegeben hatte, ihre Bewegung zu erforschen, forderte ich sie auf, in den Kreis zurückzukehren. Alle brachten nun ihre jeweiligen Bilder zum Ausdruck. Dabei forderte ich sie auf, nach Belieben zu den übrigen Gruppenmitgliedern Kontakt aufzunehmen.

Diese Aufforderung zur Interaktion entsprang meinem Gefühl, sie bräuchten Anregungen von außen, um den Bereich, in dem sie ihre Untersuchungen durchführten, auszuweiten. Sie waren nämlich bei der Ausführung der Bewegungen an ein und demselben Platz stehen geblieben. Einige zogen sich daraufhin erneut zurück. Ihnen fehlten offenbar die Ressourcen, um den Weg weiter fortzusetzen. Ich nahm an, daß die Stimulation durch die übrigen Teilnehmer ausreichen würde, sich tiefer auf sich selbst einzulassen.

Aufgrund der Interaktion innerhalb der Gruppe veränderte sich die Bewegung tatsächlich, ebenso war es mit den Gefühlen. Ich forderte die Teilnehmer auf, Bilder zu malen und sie einander zu zeigen. Jeff, der zu Anfang der Arbeit so entmutigt gewesen war, zeichnete ein Herz, aus dem sich Hände streckten. Eine Transformation hatte stattgefunden. Er sagte, er kenne nun den Sinn und Zweck seines Lebens: Liebe zu geben und zu empfangen. Jeff strahlte.

Mit Hilfe der Rippenbewegung beim Heben und Senken der Arme vermochte Jeff eine Verbindung zu Gefühlen der Liebe und Zärtlichkeit herzustellen. Arbeit mit den Armen weckt auch das Bedürfnis, auf andere zuzugehen. Jeffs Bild von dem großen Herzen mit den sich ausstreckenden Händen war eine visuelle Interpretation dieser physischen Erfahrung.

Am Ende der Sitzung war die Stimmung im Raum völlig anders. Jeder Teilnehmer hatte eine gewisse Schönheit und einen Sinn in seinem Leben gefunden. Die Gruppe befand sich nicht mehr in einem Zustand der Verzweiflung, verbunden mit dem Gefühl, äußerst beschränkte Möglichkeiten zu haben. Alle waren voller Hoffnung und sahen plötzlich Chancen, die sie bisher nie wahrgenommen hatten.

WER IST DER NÄCHSTE?

Ich hatte in einem Krankenhaus eine Begegnung mit einer Gruppe, die ich bereits kannte. Den Geist dieser Gruppe verkörperte eine Frau mit Namen Kathy, die seit 1992 Gruppenmitglied war. Als wir mit unseren Verbündeten aus dem Tierreich gearbeitet hatten, entdeckten sie eine Schildkröte. Diese besaß einen riesigen Panzer mit Mandala-Muster, der sie schützte und in den sie sich zurückziehen konnte, wenn sie Trost brauchte. Im Jahre 1992 hatten die Ärzte dieser Frau mitgeteilt, sie hätte nur noch ein paar Wochen zu leben. Unter dem Schutz der Schildkröte und aufgrund ihrer ungeheuren Willenskraft lebte sie noch fünf Jahre. Die folgende Geschichte spielt im Jahre 1997, als ihr Sterbeprozeß die Endphase erreichte.

An diesem Tag fiel uns auf, daß Kathy nicht anwesend war. Doch schenkten wir diesem Umstand nicht viel Aufmerksamkeit, da die Teilnehmer sich gelegentlich verspäteten. Zu Beginn dieses Abends fabrizierte ich eine Reihe von Fehlstarts. Ich führte ein Check-in durch, und danach kam jemand neu in die Gruppe und erzählte seine Geschichte. Die Energie im Raum war stark zersplittert, und ich wußte nicht genau, was ich tun sollte. Dann traf Kathy in einem Rollstuhl ein. Sie war zwar immer gebrechlicher geworden, doch hatten wir sie noch nie im Rollstuhl gesehen.

Sie sprach mit lauter Stimme und etwas unzusammenhängend. Nachdem sie in den Kreis gefahren war, sprach sie, als wäre außer ihr niemand im Raum. Sie klagte über Schmerzen in den Beinen. Einer der Assistenten ging zu ihr und massierte ihre Beine. Das genoß sie sehr. Dann wedelte sie mit den Armen in der Luft. Was sollten wir tun? Diese Frau war der gute Geist der Gruppe, und nun verhielt sie sich unverständlich, brabbelte, und niemand verstand, was dies bedeuten sollte. Doch geschah mit ihr und in ihr etwas Machtvolles und Klares.

Alle schauten mich an und fragten sich, was wir tun konnten. Hier saß ein Mensch vor uns, dessen Krankheit die Kontrolle über sein Leben gewonnen hatte. Dies war für die Gruppe ein beängstigendes Erlebnis.

Ich hatte nicht die leiseste Ahnung, was ich tun sollte. Mich überfielen so viele Empfindungen. Mein Gefühl sagte mir, daß dies für Kathy der Anfang vom Ende sei. Ich wußte nicht, wie ich sie erreichen sollte. Und außer ihr waren ja auch noch andere anwesend, die ebenfalls ihre Geschichten erzählen mußten. Ich war verwirrt, gespalten und traurig und sagte mir: »Ich weiß nicht, was ich tun soll. Ich werde einfach dasitzen und mir vergegenwärtigen, wie mich dies betrifft. Ich gebe meine Rolle als Lehrerin auf. Ich werde alle mit dem, was geschieht, sitzen lassen, bis ich das Gefühl habe, daß ich mich bewegen kann.«

Also saßen wir. Dadurch war es allen möglich, nichts anderes zu tun und einfach präsent zu sein. Als Kathys Gewahrsein sich allmählich der Gruppe zuwendete, fuhren wir mit der Arbeit fort. Andere Teilnehmer erzählten ihre Geschichten.

Es erschien mir wichtig, von allen Teilnehmern etwas zu hören, doch war ich bei alldem ständig bei Kathy.

Sie beruhigte sich, stöhnte aber hin und wieder: »Ooh, es tut weh. Es tut so weh.«

Nachdem die Anwesenden ihre Geschichte erzählt hatten, sagte ich zu Kathy: »Wir sind in einem Krankenhaus, und in der Notaufnahme sind Ärzte. Du scheinst schreckliche Schmerzen zu haben. Möchtest du mit einem Arzt sprechen?«

Sie antwortete: »Ich glaube, das wäre gut.«

Sie wurde aus dem Raum gefahren und zu einem Arzt gebracht. Es herrschte wieder Stille, und eine tiefe Traurigkeit breitete sich aus. Wir rückten mit den Stühlen näher zusammen und hielten einander die Hände. Ich kehrte zum Atem zurück, und wir fingen an, gemeinsam bewußt zu atmen.

Ich kehre immer wieder zum Atem zurück, weil er grundlegend und zentral ist und so beruhigend wirkt.

Einem unmittelbaren Bedürfnis folgend begannen die Teilnehmer, sich im Sitzen zu wiegen.

Während dieser Bewegung bemerkte ich bei den Gruppenmitgliedern eine autistische, zurückgezogene Haltung, so als ob ihnen alles zuviel geworden sei. Ich fragte mich: Was brauche ich für mich? Was würde meine tiefe Traurigkeit und meine Angst um Kathy lindern? Sie war dabei, uns zu verlassen, und ich war Zeugin dieses Prozesses.

Wir hielten einander die Hände und wiegten uns vorwärts und rückwärts. Ich lud die Anwesenden ein, sich ihre Gedanken und Gefühle mitzuteilen.

Ich wollte wissen, was in ihnen vorging, und fragte sie danach. Ich hatte meine klar definierte Rolle als »Lehrerin« aufgegeben und folgte einfach meinen eigenen Gefühlen.

Wir standen auf und stellten die Stühle beiseite. Danach gaben wir einander die Hände, sanken auf die Knie und rückten zusammen, als ob wir unter Kathys Schildkrötenpanzer Schutz suchen wollten. Wir genossen das Gefühl der Sicherheit und verweilten lange in dieser gekrümmten Haltung.

Ich bemühte mich, in dieser Situation so wenige Anweisungen wie möglich zu geben und der Tatsache Rechnung zu tragen, daß auch ich an dem Ort bleiben mußte, an dem wir uns befanden. Ich war fest entschlossen, der Initiative der Gruppe zu folgen.

Schließlich stand ein Teilnehmer auf und sagte: »Mir tut der Rücken weh.«

Ich fragte ihn: »Was willst du tun?«

Er antwortete: »Ich muß mich aufrecht hinsetzen.«

Ich sagte: »Gut, dann tu das.«

Dann legte er seine Hände auf den Rücken weiterer Teilnehmer, und auch sie richteten sich auf. Ich sagte: »Vielleicht möchten ja auch andere, daß Sie die Hände auf ihren Rücken legen.«

Daraufhin legte er auch den übrigen Teilnehmern seine Hände auf den Rücken und massierte sie ein wenig, als ob er den Schildkrötenpanzer entfernen würde. Als alle aufrecht saßen, verspürte jener Mann das Bedürfnis, sich zu stellen, weil auch das Sitzen ihm unangenehm geworden war. Nachdem er die anderen ebenfalls dazu gebracht hatte, sich zu stellen, begannen wir, uns im Kreis zu bewegen.

Erneut kam mir eine Frage in den Sinn: »Welche Gedanken tauchen bei euch auf? Schauen wir doch einmal, mit welchen Bildern wir arbeiten können. Und welche Gefühle sind vorhanden?« Ich war fest entschlossen, sämtliche Anhaltspunkte für die weitere Entwicklung der Arbeit von der Gruppe aufzugreifen.

Ich stellte der Gruppe die obigen Fragen. Einige Teilnehmer sprachen über ihre Liebe zu Kathy, und andere sagten, ihnen würde bewußt, daß sie alle zusammen ein Stamm seien, und sie hätten im Augenblick ein »Stammesgefühl«. Eine Frau sagte, sie fühle sich so stark wie eine Festung, und ein anderer Teilnehmer sprach über ein Gefühl der Kontinuität und einer endlosen Wellenbewegung. Alle beschäftigten sich mit dem, was sie zu unserer Zusammenkunft mitgebracht hatten, und dies verband sich nun mit Kathys Situation.

Ich hörte eine Menge über unterschiedliche Arten von Bildern. Als jemand sagte, er fühle sich wie eine Festung, forderte ich ihn auf, »Festungsbewegungen« auszuführen. Ich habe großes Interesse an der Energie des Widerstandes; wenn die

Motivation für eine starke Bewegung entsteht, folge ich ihr gewöhnlich. Ein solcher Ausdruck von Stärke kann den Lebenswillen aktivieren.

Durch die Stampfbewegungen der Frau breitete sich im Arbeitsraum eine neue Dynamik aus. Wir wechselten von den wiegenden, vorsichtigen Bewegungen zu einem Ausdruck von Wut, Entschlossenheit, Stärke und Mut. Eine Bewegung von solcher Intensität kann für jeden Teilnehmer eine andere Bedeutung haben. Wir legten sogleich eine Musik auf, die den Puls der Bewegung verstärkte. Es war Musik der amerikanischen Ureinwohner, nicht schwermütig, sondern sehr direkt.

Ich wollte die Gruppe dabei nicht auf eine bestimmte Stimmung festlegen.

Wir entwickelten die Stampfbewegung weiter, bis die Teilnehmer zu interagieren begannen. Später stellten sie die Bilder der anderen Mitglieder in Bewegungen dar. Ein Stamm entstand und vollführte einen Stammestanz. Allmählich gelangten wir zu einem kollektiven Ausdruck. Ich war zur aktiven Zeugin und Teilnehmerin geworden. Ich hatte meine Rolle als Lehrerin aufgegeben und diente der Gruppe als Rollenmodell, indem ich mich meinen Gefühlen in jedem Augenblick überantwortete. Ich hatte der Gruppe vermittelt: »So fühle ich mich, und so bringe ich dies zum Ausdruck. Ihr könntet es auch so machen.« Dadurch gewann ich die Freiheit, gegenwärtig zu sein und mitzuteilen, was aus meiner Perspektive vor sich ging. Die Folge war, daß sich alle Anwesenden sehr tief auf das Geschehen innerhalb der Gruppe einließen, so daß sich das Bild des Stammes in unserem Geist und in unseren Bewegungen organisch entwickelte.

Es war wunderschön zu sehen, wie die Gruppe selbst Bewegung initiierte. Die Teilnehmer blickten mich nicht mehr an in Erwartung einer Antwort. Aufgrund meines eigenen Kummers und meines Vertrauens auf den kreativen Prozeß der Gruppe war ich auf eine andere Weise zum Teil der Gruppe geworden. Ich war einfach nur ich und reagierte darauf, wie ich mich fühlte und wie ich mich bewegen mußte. Dies vermittelte allen anderen die Erlaubnis, sich ebenso zu verhalten. Alle Bilder, die sie entwickelten – Festung, Wasser, Stamm –, ermöglichten eine vielfältige Gefühlsreaktion. Die Teilnehmer reagierten völlig individuell auf Kathys Ausscheiden, und gleichzeitig unterstützten wir einander als Gruppe. Ein Arzt in der Notaufnahme hatte Kathy Linderung verschafft. Wir gaben ihr unsere Zeichnungen, als wir uns von ihr verabschiedeten. Eine Woche danach starb sie.

NEUERFINDEN DER TOTENFEIER

Ich arbeitete gerade mit meiner Aidsgruppe Positive Motion, als Niko völlig aufgelöst in den Arbeitsraum kam. Er sagte: »Ich hatte nicht geglaubt, daß ich heute kommen würde, aber im letzten Augenblick wurde mir klar, daß ich mußte.« Dann brach er schluchzend zusammen und wurde von anderen gehalten.

Ich arbeitete schon lange mit dieser Gruppe. Wir hatten viel miteinander erlebt und eine gemeinsame Bewegungssprache entwickelt. Während Niko weinte, fiel mir eine Übung zur Stärkung des Vertrauens und des sensorischen Gewahrseins ein, die wir schon einmal ausgeführt hatten. Mir war aufgefallen, daß Niko am unmittelbarsten durch Berührung zu anderen Menschen in Verbindung treten konnte. Deshalb wollte ich jene Übung abwandeln und ihr einen anderen Sinn geben.

Ich forderte die Gruppenmitglieder auf, mit ihren Körpern eine lineare Landschaft, einen Pfad zu bilden. Sie sollten sitzend, stehend oder liegend in physischem Kontakt bleiben. Niko empfahl ich, sich sein Leben mit seinem Freund vorzustellen und sich dann mit geschlossenen Augen durch die Körperlandschaft zu bewegen. Dabei sollte er ständig in physischem Kontakt zu den anderen Teilnehmern bleiben.

Ich beabsichtigte, für Niko eine nährende Umgebung zu schaffen. Außerdem wollte ich seine Erinnerungen und seine Imagination in die Arbeit einbeziehen. Wenn der Sehsinn ausgeschaltet und das Empfinden auf das Fühlen konzentriert wird, eröffnen sich oft neuartige Möglichkeiten.

Während Niko sich von Teilnehmer zu Teilnehmer bewegte, schlug ich ihm vor, an besondere, für ihn sehr wichtige Augenblicke zu denken. Durch die Berührung und die Erinnerung an seinen Freund formte er den Weg, seinen Erinnerungen gemäß. Manchmal lehnte er sich mit seinem Rücken gegen einen anderen Rücken. Oder er legte sich neben jemanden, der ebenfalls lag. Manchmal wand er sich um den Körper eines Gruppenmitglieds. Dies dauerte sehr lange.

Schließlich gelangte er zum Ende des Pfades. Ich fragte ihn: »Niko, möchtest du nach draußen zu den Bäumen gehen?« Daraufhin verließ er die Gruppe und ging ins Freie. Drinnen zu sein hatte er als umsorgend und beruhigend empfunden, doch sobald er draußen war, brach es nur so aus ihm heraus. Er öffnete die Augen und Arme und sagte: »Ich lasse euch los. Und ich danke euch!«

Innerhalb einer Stunde war eine tiefe Transformation eingetreten. Bewegung kann Gefühle verändern. Ich beziehe stets den Körper ein. Selbst wenn ich mit einem Bild beginne, bringe ich es in eine Beziehung zum Körper. Wenn sich in Ihrem Körper nichts verändert, verändern sich auch Ihre Gefühle nicht.

Brent, ein anderes Mitglied der Gruppe, sagte: »Heute ist mein Geburtstag, und ich möchte das mit einem Geburtstagstanz feiern.« Blitzschnell stellte die Gruppe sich von Nikos Tragödie auf Brents Geburtstagsfeier um. Ich sagte zu Niko, er könne entweder in den Wald gehen und dort das Alleinsein genießen oder sich uns anschließen.

Ich wollte ihm Gelegenheit geben, sich für die Assimilation des Erlebten so viel Zeit zu nehmen, wie er brauchte, statt sich gleich wieder auf etwas anderes einstellen zu müssen. Außerdem hatte ich das Gefühl, es würde heilend auf ihn wirken, sich unter freiem Himmel und in der Nähe der Bäume aufzuhalten. Durch die Bäume wurde für ihn eine Verbindung zur Natur deutlich und die Todeserfahrung in einen umfassenderen Kontext gestellt. Der Tod ist leichter zu akzeptieren, wenn man in der Natur Aspekte von ihm erkennt.

Wir begannen mit dem Geburtstagstanz. Ich fragte Brent, wie er sich diesen vorstelle, und er sagte, er wolle Musikbegleitung. Wir legten eine sehr rhythmische und fröhliche Musik auf, bildeten einen Kreis, und er stellte sich in die Mitte. Zunächst tanzte er allein, dann forderte er nacheinander die Teilnehmer auf, mit ihm zu tanzen, und auf diese Weise gestaltete er seinen Geburtstagstanz. Mittlerweile war Niko zurückgekommen und schloß sich den Tanzenden an. Dies war ein Ritual des Lebens und des Todes und geschah innerhalb von drei Stunden.

Wie Sie den vier geschilderten Beispielen entnehmen können, ist der Tod für Menschen, die an lebensbedrohlichen Krankheiten leiden, stets gegenwärtig. Wer Menschen in dieser Situation bei der Entwicklung ihres Ausdrucks durch Bewegung helfen will, muß bereit sein, mit allen Gefühlen zu arbeiten, die in einer solchen Realität entstehen. Dabei müssen Sie Ihren Verstand und Ihren Humor ebenso nutzen wie Ihr Mitgefühl und alles, was Sie über den Körper in Bewegung wissen. Und vergessen Sie während des Unterrichts nicht, Ihre eigenen Gefühle zu spüren. Vergegenwärtigen Sie sich, daß diese Gefühle Ihre Verbündeten sind. Beobachten Sie Ihre Schüler, und hören Sie ihnen zu – ihre Worte und ihr Körper werden Ihnen vieles verraten, was Sie wissen müssen. Wenn es Ihnen nicht gelingt, wichtige Dinge durch Schauen oder Zuhören herauszufinden, dann scheuen Sie sich nicht, einfache Fragen zu stellen. Wie fühlen Sie sich? Was brauchen Sie? Wo sind Sie jetzt? Vertrauen Sie darauf, daß Bewegung uns zu transformieren vermag und daß unsere Gefühle eng mit unserem physischen Ausdruck verbunden sind. Machen Sie sich auch die reiche Quelle der Bilder zunutze, denn auch sie ist ein wichtiger Bestandteil dieser Arbeit.

Kehren Sie immer wieder zum Körper zurück. Bewegen Sie ihn, zeichnen Sie ihn, schreiben Sie über ihn, und teilen Sie Ihre Geschichte anderen mit.

NACHWORT

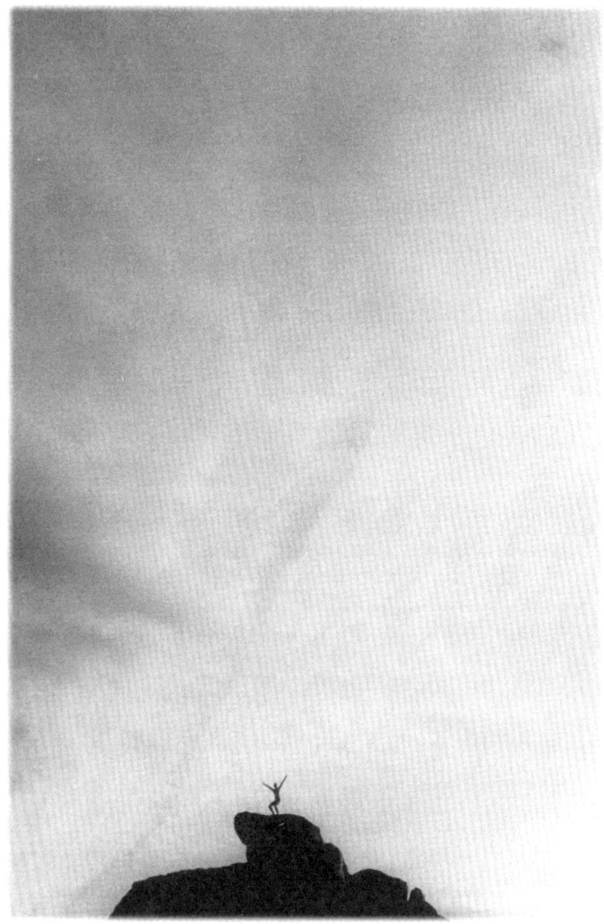

ES GEHT DARUM, DAS GESAMTE SPEKTRUM VON FREUDE BIS TRAUER

(SO LANGE SIE AUCH ANDAUERN MAG)

ZU LEBEN UND ZU FÜHLEN, UND MIT EINEM GEFÜHL

DES FRIEDENS ZU STERBEN (WANN IMMER DER TOD KOMMEN MAG).

Zum Schluß möchte ich Ihnen einen Auszug aus einem Brief vorlegen, den mir mein Freund Allan Stinson geschrieben hat. Allan und ich haben viel voneinander gelernt und gemeinsam an der Entwicklung verschiedener Fähigkeiten gearbeitet. Er hat mit mir in früheren Jahren studiert und ist dann fortgezogen. Nachdem er an HIV erkrankt war, kehrte er in die Bay-Area zurück. Damals setzten wir unsere Zusammenarbeit fort. Er schrieb das Folgende über den Prozeß der Heilung. Ich kann mich dem, was er zu sagen hat, nur von ganzem Herzen anschließen.

Ich bin wesentlich ruhiger und gesünder, wenn ich auf die Signale meines Körpers höre. Die wahre Quelle meiner Kraft und Heilung befindet sich in meinem Inneren, und es ist wichtig für mich, nach innen zu gehen, dort zu leben, von dort zu schauen und allem, was dort auftaucht, entgegenzutreten, Frieden damit zu schließen und von dort aus auch Kontakt nach außen aufzunehmen. Ich glaube, als einige meiner Freunde krank wurden, hat die Angst und Verzweiflung sie auf der Suche nach Heilung weit aus ihrem Körper geführt. Dabei sind sie vor dem geflohen, was in ihrem Inneren vor sich ging. Die Arbeit mit Bewegung und Visualisation erscheint mir wichtig, weil sie mir hilft, umzukehren, tief in mein Inneres zurückzugehen, um mich mit meinen eigenen Erfahrungen zu konfrontieren und sie zu spüren.

Sosehr ich es mir manchmal wünschen mag, ich kann nichts anderes dorthin schicken, damit es statt meiner kämpft: kein Wundermittel, kein Skalpell, kein Megavitamin und keine Mikrodiät, keine Kristallenergie, keine Berührung eines Glaubensheilers, kein Gebet eines Schamanen – nichts von alldem ist von Wert, solange ich nicht dort völlig gegenwärtig bin. Ich denke heute ein wenig anders über Heilung als früher. Es geht nicht darum, ewig zu leben oder die Krankheit zu besiegen. Es gilt, zu leben und das gesamte Spektrum der Gefühle zu empfinden, angefangen von der Freude bis hin zur Traurigkeit – solange sie auch anhalten mag – und mit einem Gefühl des Friedens zu sterben, wann immer der Tod kommen mag.

ANNA HALPRIN, PH.D. (13. Juli 1920 – 24. Mai 2021) war eine Pionierin im Bereich des Tanzes als Heilende Kunst und arbeitete mit diesem Wissen u.a. viele Jahre mit Menschen, die an Krebs, Aids und anderen lebensbedrohenden Krankheiten erkrankt waren. Sie gründete den San Francisco Dancers' Workshop (1955), eine Vereinigung für avantgardistischen Tanz, und mit ihren Töchtern das Tamalpa Institute (1978). Viele Ansätze für kreative Prozesse in Bezug auf Tanz und Ausdruck wurden von ihr entwickelt, unter denen die bekanntesten der Halprin Life/Art Process und der PsychoKinetic Visualization Process sind.

In ihrer künstlerischen Laufbahn gewann Anna viele Preise, darunter (1996) den berühmten American Dance Festival Award für ihre lebenslange Arbeit an der Weiterentwicklung des Modern Dance. Anna lehrte weltweit und liebte es auch immer internationale Gruppen in ihrem privaten Mountain Home Studio in Kentfield, Kalifornien auszubilden.

www.annahalprin.org

MIKE SAMUELS, M.D., benutzt Kunst und Visualisation seit über 25 Jahren in seiner privaten medizinischen Praxis und in der Beratung bei der Behandlung von Krebspatienten. Er ist außerdem Mitbegründer und Leiter von *Art As A Healing Force,* einem Projekt, das 1990 ins Leben gerufen wurde und das der Verbindung von Kunst und Heilung gewidmet ist. Er ist Autor von vierzehn Büchern, unter anderen dem *Well Body Book, Well Baby Book, Well Pregnancy Book, Seeing With the Mind's Eye* und *Healing With the Mind's Eye.*

PEGGY ROGERS, M.A., MFCC, ist Leiterin der Abteilung für Kundenbetreuung am Cancer Support and Education Center in Menlo Park. Sie ist Mitbetreuerin des Self-Empowerment Program und leitet außerdem Facilitator-Trainings-Programme. Peggy berät Krebspatienten und ihre Familien, und sie führt Kurse in Visualisation und Meditation durch, in denen sie sich mit Krebs, Trauer und Verlusterfahrungen beschäftigt. Außerdem leitet sie Workshops in Kommunikation und solche über die Rolle expressiver Therapien bei der Heilung.

RACHEL KAPLAN ist eine multidisziplinäre Künstlerin, Schriftstellerin und Lehrerin. Sie lehrt in den USA und in anderen Staaten. Sie fungiert sowohl als persönliche Assistentin von Anna Halprin und als Herausgeberin ihrer Buchprojekte.

Das TAMALPA INSTITUTE widmet sich der Ausbildung in den (auf Bewegung basierenden) expressiven Künsten und bietet in diesem Zusammenhang ein intensives Trainingsprogramm, ein Community-Programm und ein Healing Arts-Programm an. Das 1978 von Anna Halprin und Daria Halprin gegründete Institut lehrt den *Halprin Life/Art Process,* einen integrativen Ansatz im Bereich der expressiven und therapeutischen Künste, der auf Veränderungen im persönlichen, zwischenmenschlichen und gesellschaftlichen Rahmen zielt. Die Vision dieses Werks basiert auf der Überzeugung, daß Tanz und die expressiven Künste im Leben aller Menschen eine kreative und heilende Rolle spielen können, wenn sie mit den Problemen des Einzelnen, der Gemeinschaft und der Umwelt verbunden werden.

Tamalpa Institute, PO Box 794, Kentfield, CA 94914, USA
tamalpa@igc.apc.org; www.tamalpa.org

Jeanne Achterberg: *Imagery in Healing; Rituals of Healing*
Ewan Cameron und Linus Pauling: *Cancer and Vitamin C*
Deepak Chopra: *Perfect Health*
Norman Cousins: Head First: *The Biology of Hope*; *Anatomy of an Illness*
Larry Dossey: *Meaning and Medicin – A Doctor's Tale of Breakthrough and Healing*
T. C. Everson und W. H. Cole: *Spontaneous Regressions of Cancer*
Moshé Feldenkrais: *Bewußtheit durch Bewegung*
Adrian Finkelstein: *Your Past Lives and The Healing Process*
Daria Halprin-Khalighi: *Coming Alive: The Creative Expression Method*
Bradford Keeney: *Awakening the Spirit: Breathing Ki into Everyday Life*
Stanley Krippner: *Spiritual Dimensions of Healing*
Lawrence Leshan: *Alternate Realities*
Russell A. Lockhart: *Cancer in Myths and Dreams*
Father Peter McCall und Maryanne Lacy: *An Invitation to Healing*; *Rise and Be Healed*
Patricia Norris & Garrett Porter: *I Choose Life*
Rachel Naomi Remen: *Kitchen Table Wisdom – Stories That Heal*
Carl R. Rogers: *Klientenzentrierte Therapie*
Mike & Nancy Samuels: *Seeing With The Minds Eye*
Bernard Siegel: *Liebe, Medizin und Wunder*; *Peace, Love and Healing*
Stephanie Matthews-Simonton, O. Carl Simonton, James L. Creighton: *Wieder gesund werden*
James A. Swan: *Nature as Teacher and Healer – How to Awaken Your Connection with Nature*
Marie-Louise von Franz: *On Dreams and Death*
E. C. Whitmont: *The Symbolic Quest*

Movement Ritual

Fünfzehn Sequenzen von Bewegungen, die auf dem Boden ausgeführt werden können und die eine Grundlage für kreativen Ausdruck, Meditation, Erweiterung der Bewegungsfähigkeit, Flexibilität, Stärke und körperliches Gewahrsein bilden. Die grundlegenden Bewegungen werden auf dem Boden liegend ausgeführt. Sie basieren auf anatomischen und kinesiologischen Prinzipien. In den siebziger Jahren von Anna Halprin entwickelt und praktiziert und seither immer wieder erweitert.

Moving Toward Life – Five Decades of Transformational Dance

Hg. Rachel Kaplan

Aufsätze, Geschichten und Choreographien, welche die umfassendsten Projekte von Anna Halprin beschreiben, darunter den Life/Art-Process, den Dancers' Workshop, das Tamalpa Institute, Tanz mit Kinder und Tanz mit der Umwelt. Ein historisches Dokument.

Circle the Earth Manual *von Anna Halprin und Allan Stinson*

Für Teilnehmer von Circle the Earth, um deren Verständnis der Philosophie dieses Tanzes zu erweitern. Graphische Darstellungen, Geschichten und Aufführungsempfehlungen.

Steps Theater Company *– ein Handbuch*

Gelehrt von Anna Halprin, dokumentiert von Cynthia Imperatore. Dies ist eine detaillierte Beschreibung von drei Serien von Gruppensitzungen mit einer Gruppe von HIV-positiven und aidskranken Männern, die von Juli 1988 bis März 1989 stattfanden.

Exorcising the Cancer

Eine Tanz-Performance von Anna Halprin aus dem Jahre 1975. Sie hat damals ein lebensgroßes Selbstporträt gezeichnet, um sich von ihrem Krebs zu befreien. Auf diesem Video tanzt sie ihr Selbstporträt. Der Tanz besteht aus drei Teilen: 1) Ausdruck ihrer Wut und Angst; 2) Befreiung und Tanzen ihrer Heilung; 3) Rückkehr zu ihrer Familie und ihren Freunden.

Circle the Earth – Dancing with Life on the Line

in Zusammenarbeit mit Media Arts West

Eine Dokumentation des Workshop-Prozesses, aus dem die heilende Performance von Circle the Earth entstand. Dieses Projekt wurde mit Menschen, die an HIV/Aids und Krebs erkrankt waren, und ihren Freunden und Helfern realisiert. Es ist die Geschichte ihres Zusammenkommens als Gemeinschaft.

Dance for Your Life / Ritual of Life and Death *von Ellison Horne*

Eine Dokumentation von Annas Arbeit mit HIV/Aids-Kranken. Dieses Video der Steps Theater Company ist im Rahmen eines Workshops entstanden.

Positive Motion *von Andy Abrahams-Wilson*

Dieses Video ist eine Collage sehr emotionaler Workshops, die die Steps Theatre Company im Laufe von sieben Monaten durchführte. Den Höhepunkt dieser Aufnahmen bildet die Aufführung eines Werks mit Namen Carry Me Home.

The Nature Series

Eine Sammlung von fünf Videobändern, auf denen Tanz in verschiedenen natürlichen Umgebungen erforscht wird. Die Videos zeigen Tänzer, die sich in den Formen, Rhythmen und Texturen der Natur bewegen. Die sehr intimen und meditativen Bilder befördern uns an einen Ort, wo Ich und Umgebung verschmelzen, und zwar in einem Maße, daß wir zu dem Bewußtsein gelangen, daß die Kräfte der Natur sich in uns bewegen, nicht außerhalb von uns.

1. EMBRACING EARTH *von Andy Abrahams-Wilson*
2. SEASCAPE *von Anna Halprin*
3. CASCADE *von Ellison Horne*
4. A HERO'S JOURNEY *von Ellison Horne*
5. GRIEF AND LOSS *von Ellison Horne*

The Power of Ritual (»Die Macht des Rituals«)

– Ein Interview mit Anna Halprin von Dr. Jeffrey Mishloff

Ursprünglich im Rahmen der PBS-Serie »Thinking Allowed« ausgestrahlt. Tanzen und andere rituelle Aktivitäten können es uns ermöglichen, daß wir unsere innere Negativität erkennen und ihre Kraft in eine heilende Erfahrung umwandeln. In diesem Video bezieht sich Anna auf ihre persönliche Erfahrung im Kampf gegen den Krebs, um den psychologischen Wert von Bewegung und symbolischem Handeln zu erläutern.

Berührung und Kontakt *Michael Changaris*

Ihre neurobiologische und therapeutische Bedeutung für die Entwicklung, Bindung, Gesundheit und Heilung

Dieses Buch ist ein wichtiger Beitrag zu unserem Gesundheitsverständnis. Es gehört in die Hände jedes Therapeuten, Arztes, Lehrers, Sozialarbeiters, aller Eltern und jeder Familie. Ein Grundlagenwerk für alle, die ein tieferes Verständnis für die fundamentalen Wirkungen von Berührung und Kontakt auf die Gesundheit und das Wohlbefinden gewinnen möchten.

320 Seiten, kartoniert, illustriert, ISBN 978-3-936503-00-5

Bewegung mit Energie und Bewusstsein: Flexing Your Soul

Milani, Jalieh J / Shepard, Alessandra Ph

Flexing Your Soul wendet sich an die ganze Person und lenkt die Aufmerksamkeit auf das energetische Erleben im Jetzt. Die Dynamik und Kraft des Jetzt kann uns aufwecken. Wenn wir erwachen, erweitert sich unser Bewusstsein und mit ihm unsere Fähigkeit, auf unser eigenes Leben und das Leben anderer positiv einzuwirken. Diese Übungen unterstützen unsere Fähigkeit, den Energiefluss zu aktivieren und die Wahrnehmung unseres Seins zu erweitern, so daß wir unser Leben als Ausdruck unserer Essenz gestalten.

144 Seiten, kart., ISBN 978-3-936503067

Ekstatische Körperhaltungen *Belinda Gore*

Ein natürlicher Wegweiser zur erweiterten Wirklichkeit

Bestimmte Körperhaltungen tauchen immer wieder in der Kunst und in Artefakten von zeitlich und räumlich weit auseinanderliegenden Weltkulturen auf. Die Anthropologin Felicitas Goodman entdeckte, daß Menschen, die diese Haltungen einnehmen, in der Trance ganz ähnliche Erfahrungen machen. Mit klaren Anweisungen und Abbildungen zeigt uns Belinda Gore, eine enge Mitarbeiterin Goodmans, wie mit schamanischen Haltungen gearbeitet werden kann. *Ekstatische Körperhaltungen* ist ein Grundlagenbuch für alle, die an Meditation, Schamanentum, Yoga und Körperarbeit interessiert sind. *304 Seiten, kart., ISBN 3-922026-83-4*

Ich bin Seele, Geist und Körper *Thomas Armstrong*

Die Spiritualität des Kindes

Vorwort von Chris Griscom

Inhalt: • Die verborgene Seite der Kindheit • Die Arten außernormaler Erfahrung in der Kindheit • Das Kind als Selbst: ein psychologischer Ansatz • Das Kind im Exil: ein mythologischer Ansatz • Das Kind als Seele: ein metaphysischer Ansatz • Das Kind als Heiler • Das Spektrum des Bewußtseins in der Kindheit • Kindern auf außernormalen Ebenen helfen • Engel oder Bengel? Das ganze Kind ansprechen • Transpersonale Literatur für Kinder • Literaturempfehlung zur Spiritualität des Kindes. *256 Seiten, kart., ISBN 3-922026-59-1*

Trauma-Heilung – Das Erwachen des Tigers *Peter A. Levine*

Unsere Fähigkeit, traumatische Erfahrungen zu transformieren

Im Gegensatz zur allgemein verbreiteten Sicht können Traumata geheilt werden. In vielen Fällen sind dazu nicht einmal langwierige Therapien, kein schmerzhaftes Reaktivieren von Erinnerungen und keine Dauermedikation erforderlich. Wir müssen verstehen, daß es weder notwendig noch möglich ist, Ereignisse, die in der Vergangenheit liegen, zu verändern. Alte Traumasymptome sind Beispiele für gebundene Energie und vergessene Lektionen des Lebens. Die Vergangenheit spielt für uns keine Rolle, wenn wir lernen, in der Gegenwart präsent zu sein. Jeder Augenblick entfaltet dann sein kreatives Potential.

272 Seiten, Paperback, ISBN 978-3-922026-91-4

Trauma-Lösungen – Grundlagen zur Trauma-Arbeit *Diane P. Heller & Laurence S. Heller*

Vermeidung und Auflösung von traumatischen Erlebnissen

Dieses Buch ist:

- für Menschen, die wissen, dass sie infolge eines Traumas unter dauerhaften Symptomen leiden, die zu lindern oder zu beseitigen ihnen bisher nicht gelungen ist.
- für Familien und Therapeuten einer vom Trauma betroffenen Person.
- für alle Menschen, die traumatische Erfahrungen heilen und somit Spätfolgen vermeiden wollen.

256 Seiten, Paperback, ISBN 978-3-9365030-9-8

Der Körper erinnert sich *Babette Rothschild*

Die Psychophysiologie des Traumas und der Traumabehandlung

Wie wirken traumatische Erlebnisse auf uns? Und wie gehen wir damit um?

In leicht verständlichen Beschreibungen von Theorien und leicht anwendbaren Techniken eröffnet die Autorin dem interessierten Laien ein umfassenderes Verständnis seiner Lebenssituation und bietet dem Therapeuten den Raum, sein Wissen mit einer soliden theoretischen Grundlage anzuwenden und neue Interventionen zu entwickeln.

256 Seiten, Paperback, ISBN 978-3-922026-27-3

Acht Schlüssel zur sicheren Trauma-Heilung *Babette Rothschild*

In diesem Buch zeigt die anerkannte Autorin und Trauma-Expertin acht Schlüssel auf, die Sie allein oder zusammen mit jedem anderen Behandlungsprogramm nutzen können, um Ihr Trauma zu heilen.

Ihre Genesung selbst mit in die Hand zu nehmen wird Ihnen helfen, die Kontrolle über sich selbst, Ihre Symptome und Ihr Leben zurückzugewinnen. Auf dem Weg zu diesem Ziel soll jeder der acht Schlüssel:

- Ihren Informationsstand in Bezug auf Traumata erhöhen;
- Ihr Nervensystem beruhigen, damit Sie klarer denken und einfacher Entscheidungen treffen können.

Dieses Buch wird Ihnen das entscheidende Wissen und die Werkzeuge liefern, damit Sie von Ihrem Trauma genesen können.

192 Seiten, Paperback, ISBN 978-3-9365030-7-4

JEMANDEN LIEBEN,
DAS HEISST,
DIESE PERSON
ZUM LEBEN FÜHREN,
IHR WACHSTUM
HERAUSFORDERN.

– Die Essenz unseres Verlages